互联互通

——如何打通合作者之间的关系

赵燕　郭娟◎编著

北京工业大学出版社

图书在版编目(CIP)数据

互联互通：如何打通合作者之间的关系/ 赵燕，郭娟编著. —北京：北京工业大学出版社，2016.3

ISBN 978-7-5639-4598-6

Ⅰ. ①互… Ⅱ. ①赵… ②郭… Ⅲ. ①人际关系学 Ⅳ. ①C912.1

中国版本图书馆 CIP 数据核字（2016）第 021343 号

互联互通——如何打通合作者之间的关系

编　　著：赵　燕　郭　娟

责任编辑：符彩娟

封面设计：尚世视觉

出版发行：北京工业大学出版社

(北京市朝阳区平乐园 100 号　邮编：100124)

010-67391722（传真）　bgdcbs@sina.com

出 版 人：郝　勇

经销单位：全国各地新华书店

承印单位：北京建泰印刷有限公司

开　　本：787 毫米 × 1092 毫米　1/16

印　　张：14.25

字　　数：153 千字

版　　次：2016 年 3 月第 1 版

印　　次：2016 年 3 月第 1 次印刷

标准书号：ISBN 978-7-5639-4598-6

定　　价：28.00 元

前　言

在我们的职场中经常会出现工作纠纷、工作混乱的情况，追根到底，很多职场人士对于合作这两个字并未从根本上理解和接受。

本书对合作者之间如何联系、如何沟通进行了详细的介绍，告诉读者如果想要打通与合作者之间的关系，如果想要营造一个好的、和谐的合作氛围，那么，互联互通是不可或缺的。

如何联系、如何沟通十分重要，不管从事哪一个行业，互联互通绝对是成功的法宝。

互联互通是每一个职场人士都需掌握的技能，学会了，我们可以在人际关系方面如鱼得水，在客户沟通上面迅速得到突破。最重要的是，在一个公司，只有具备互联互通的精神，才能取得好的工作业绩。

互信、平等、互利、沟通、细心、兼容这几个元素在合作的过程中，缺一不可，我们必须把这几点牢牢掌握，这样才能取得事业上的成功。

互信是合作的基础，无论是个人与个人之间的合作，还是企业与企业之间的合作，互相信任是最基本的条件，少了这一点，就算合作意向勉强达成了，后面也会麻烦不断，风险不断。

在合作的过程之中，平等是前提。如果有一方在合作中总是高高在上，不将合作方放在眼里，也会让合作走入死胡同。

互利是合作双方最终的目标，双方都得到相应的利益才是合作的最终目的。在合作过程中，互利与合作是共生的，只有互惠互利，合作双方才能合作得长久。

在合作中，沟通必不可少，它是合作的促进。合作双方进行有效的沟通，才能让合作的进度更快一点，才能让合作的步子迈得更大。

细节是合作的优化。在合作之中，要重视每一个合作的细节。

兼容是合作的润滑剂，只有开放包容，才能达到互利共赢的境界。

掌握了合作的秘密，我们就离成功更近了一步。

这本书适用于一切职场人士，包括创业老板、企业高管、培训公司老师、职员等一切想成功的人士。

本书可以让打工者迅速融入职场。

本书可以让企业管理者将以往的陈旧思想摒弃，让企业获得更多的支持、更快的发展。

但是由于编者水平所限，书中难免有疏漏之处，希望广大读者批评指正。

目　　录

第一章　合作，成功的关键

第一节　没有完美的个人 …………………………………… 003

第二节　团队精神是成功的关键 ………………………… 010

第三节　团队精神的培养 ………………………………… 015

第四节　如何发挥团队合作精神 ………………………… 022

第五节　寻找最适合的合作者 …………………………… 028

第六节　做个出色的合作搭档 …………………………… 033

第七节　合作共赢的原则 ………………………………… 038

第二章　互信，合作的基础

第一节　诚实守信是合作之本 …………………………… 046

第二节　互信是人与人交往的关键 ……………………… 052

第三节 互信是友好合作的基础 …… 057
第四节 合作共赢必须打好互信基础 …… 062
第五节 如何建立互信 …… 067

第三章 平等，合作的前提

第一节 平等无处不在 …… 075
第二节 如何做到平等待人 …… 083
第三节 平等在合作中的重要性 …… 089
第四节 如何在合作中做到平等 …… 095

第四章 互利，合作的目标

第一节 合作的本质：互惠互利 …… 103
第二节 互利与合作共利共生 …… 107
第三节 互利合作的重要性 …… 112
第四节 如何做到互惠互利 …… 116
第五节 在竞争中实现互利合作 …… 124

第五章 沟通，合作的促进

第一节 沟通是合作的开始 …… 132

第二节 有效沟通的意义及重要性 …………………………… 138
第三节 有效沟通的前提条件 …………………………………… 147
第四节 有效沟通的方法与技巧 ………………………………… 153
第五节 沟通能力的培养 ………………………………………… 158
第六节 培养团队的沟通合作能力 ……………………………… 165

第六章 细节，合作的优化

第一节 细节决定成败 …………………………………………… 171
第二节 细节与战略的辩证关系 ………………………………… 176
第三节 细节在合作中的重要性 ………………………………… 182
第四节 合作中要注重细节管理 ………………………………… 187
第五节 如何培养注重细节的习惯 ……………………………… 191

第七章 兼容，合作的润滑剂

第一节 合作要有开放兼容的心态 ……………………………… 200
第二节 在合作中如何做到开放兼容 …………………………… 208
第三节 企业合作怎么做到开放兼容 …………………………… 212

第一章　合作，成功的关键

一滴水只有放进大海里才永远不会干涸，一个人只有当他把自己和集体事业融合在一起的时候才最有力量。

——雷锋

人们在一起可以做出单独一个人所不能做出的事业；智慧、双手、力量结合在一起，几乎是万能的。

——韦伯斯特

一只蚂蚁的力量小之又小，仅靠它自己的力量是无法捕食到好的食物的；而一群蚂蚁的力量是非常强大的，它们团结合作，互帮互助，想获得成功就轻而易举了。

大雁飞行时会排列成V字队形，最前面会有一只大雁开路，而它们会定期变换前面的领导者，据说它们以这样的形式飞行，要比单独飞行多出71%的距离。这就是合作的效果。

互联互通

——如何打通合作者之间的关系

孙中山先生曾经说过："物种以竞争为原则，人类以合作为原则，人类顺此原则则昌，不顺此原则则亡。"而像蚂蚁、大雁之类的物种都以合作为原则了，人类更应该重视合作的重要性。

再强大的个人也无法单靠自己的力量在社会上无所不能。个人英雄主义已经成为过去，现代社会的生存与发展，需要依靠团队的力量，需要众人齐心协力，同舟共济，才能实现经济大发展，才能完成个人的宏伟目标。这就是成功的关键——团队合作。

没有马克思和恩格斯的合作，就没有著名的《资本论》；没有中国共产党党员之间的合作，就没有新中国的成立；没有商业伙伴之间的合作，就没有成功的企业；没有各个阶层各个行业人民的合作，就没有社会的和谐与发展。

古往今来，通过合作取得成功的事例不胜枚举，由此可见合作的重要性。没有合作就没有真正的成功。我们要想在社会上很好地生存与发展，必须要学会团结合作。

第一节　没有完美的个人

在我们的周围，往往会有一些比较出色的人，他们或者拥有过人的天分，或者通过自己的努力获得了过人的能力，在某一领域达到了他人遥不可及的高度。在一般人眼里，他们或许是英雄，是完美的，然而事实却不一定如此。

所谓金无足赤，人无完人。一个人能力再强，或多或少都有做得不好的地方，不可能做到十全十美，所以才有“众人划桨开大船”、“团结就是力量”、“人心齐泰山移”等警句。一群人齐心协力，为了共同的目标同舟共济、各司其职、共同努力，这就是团队。

某公司的职员小张，有很高的学历，能力也比较强，在工作上也做出了很多突出的成绩。但是，很多比他能力差的人都得到了晋升，而他却一直留在原来的职位上。

因为小张做事喜欢独来独往，不能很好地融入团队，与同事之间也不能做到融洽相处。他从不找同事帮忙，凡事亲力亲为，而同事找他帮忙时，他也经常敷衍或者直接拒绝。老板多次找他谈话，但他意识不到自己的错误，还认为是老板没有眼光不重用他。无奈之下，老板最终只得辞退他。

不是小张的能力不强，只是他不能融入团队。一个人的能力再强，如果他影响了整个团队，那么老板依然会忍痛割爱，因为团队的力量才是老板最重视的。

优秀的团队可以产生惊人的力量，创造无限的价值。一个人再完美，他的力量也是有限的。一个再优秀的人、再卓越的领导者，也得依靠自己的合伙人、自己的团队来完成他的雄心壮志、伟大梦想。

个人就是一滴水，一个团队就像是大海。海纳百川，才能广阔无限。一个人再有能耐，没有完美的团队，也很难创造很高的价值。所以说没有完美的个人，只有完美的团队。

1. 生命的存在离不开合作

从生命的历程来看，一个人体内，不同的器官有不同的作用，这些器官之间相互协作，才能支撑一个生命。如果各个器官之间相互对立，那么后果可想而知。

我们为什么会生病？一般情况下，我们身体里大部分的细胞之间都能和谐相处，它们是多细胞有机体的一部分。但是，总会有个别的细胞站出来与主体对抗，破坏细胞之间的有序合作，这时医生就会诊断出我们生病了。治疗疾病的思路就是让细胞恢复彼此之间的友好合作，而癌症等难以治愈的病症就是细胞间合作失败的结果。这就说明，生命必须靠合作来维持，一旦合作被破坏，生命就会受到威胁。

我们再来看看动物之间的生存合作。蚂蚁是群居的社会性动物，蚂蚁之间会进行分工合作，从而形成蚁群。单独的蚂蚁力量是非常微小的，而这种相互合作让蚂蚁具有更强的生存能力。

英国动物学家曾做过这样一个实验：把一小段点燃的蚊香放进一个蚁巢。一开始，巢中的蚂蚁都十分惊恐，过了一会儿，蚂蚁们纷纷迎难而上，扑上去喷射蚁酸。一只蚂蚁喷射的蚁酸量很有限，不少蚂蚁丧命。但是它们数量众多，一波接一波，前仆后继，最后终于把蚊香扑灭了。

后来这位科学家又把一支点燃的蜡烛放进那个蚁巢，这次“火灾”更大，但是蚂蚁们这次有了经验，它们迅速调兵遣将，齐心协力，有条不紊，不到一分钟就将烛火扑灭了，而这次蚂蚁无一遇难。蚂蚁面临灭顶之灾的非凡表现令人震惊。

它们就是这样一种动物群，它们追求团队精神，每只蚂蚁都责任明确，尽职尽责。它们可以承载比自己身体重几倍的重物，毫无怨言。它们无私奉献，找到食物绝不独享，它们会与自己的团队成员分享自己的一切。它们深信：只有完美的团队，没有完美的个人。这就是蚂蚁精神。

2. 滴水不成海，独木难成林

我们都应该多学习蚂蚁精神，学习它们的团结协作、集体精神。一个人在社会上生存，总会有一个或几个团队伴随他，家人、朋友、同事、领导、合伙人等，你身边的所有人其实都是你的团队。

所谓“滴水不成海，独木难成林”。离开团队只谈个人的成败得失那是毫无意义的，一个成功的个人其实就是一个善于合作的人。

一个篱笆三个桩，一个好汉三个帮。从古至今没有一个英雄好汉可以独自称王称霸，再优秀的个人也需要一个好的团队来帮他，只有和团队同心协力、团结奋进才能取得真正的成功。

刘邦乃一代霸主，但是若不是有韩信带兵，张良出谋，萧何保后，他刘邦一人凭何创建帝业？没有诸葛亮、关羽、张飞、赵云等人，刘备有何德何能得以三足鼎立天下？有了梁山一百多位好汉相帮，宋江才能占据水泊梁山。要是没有三个法力通天的徒弟，唐僧都不知道被吃掉多少回了，还谈何西天取经?

所以说，再能干的人也需要有团队的支持。众人拾柴火焰高，一个人的能力是很有限的，但是团队的力量就是无限的。人永远脱离不了团队，我们的生活需要合作，工作也需要合作，想要获得成功更加需要团队合作。人在社会上的一切活动几乎都离不开合作，一个人想要脱离群体独自很好地工作生活是不可能的。有了团队的友好合作，个人的生活才能如意，我们才能顺利实现人生的每一个阶段目标，迈上一个又一个人生的阶梯。

作为独立的个人，我们一定要找到适合自己的团队，早日融入自己的集体，找好自己的位置，尽到自己的责任，与团队一起发展壮大。任何人都离不开集体，只有在一个合适的集体中才能更好地发挥自己的光和热，找到成就感。团结就是力量，团队的力量是一个人坚强的后盾，大家相互协作，发挥团队精神，才能共谋发展大业。一盘散沙、各自为政的团体是很难成就大业的。

3. 合作：1+1 可以大于 2

刘备知人善任，有过人的领导才能；诸葛亮神机妙算，拥有把握天下局势的大智慧；关羽忠义勇武，可以一路过关斩将，是人们心目中的英雄；张飞有勇有谋，疾恶如仇……这些人物随便拿一个出来说，都可以称得上是能人异士，都可以独当一面，但是却没有一个人可以独自完成大业。于是才有了“桃园三结义”、“三顾茅庐”，几个人聚集在一起，分工合作、各尽其能，便有了三足鼎立的强大能量。

张良是贵族，陈平是游士，萧何是县吏，樊哙是狗屠，韩信是待业青年……但是他们个个身怀绝技，刘邦不拘一格把这些各式各样的人物组合起来，各就其位，各司其职，所有的人才都最大限度地发挥作用，这样才成就了他的一代霸业。

这就是团队合作的神奇。任何事业想要成功，必须依靠团队协作，个人只有依靠团队的力量，才能将自己的目标与团队整体的目标结合起来，将自己个人的力量与团队成员的力量结合起来，同舟共济，最终产生 1+1＞2 的效果。我们都曾经听过这么一段话：你手上有一个苹果，我手上也有一个苹果，加起来是两个苹果；而你有一种能力，我也有一种能力，加起来就不仅仅是两种能力了。两个人以团队的方式相互协作、优势互补，最后达到的工作绩效明显大于两个人单干时绩效的总和。

现在的年轻人在工作生活中往往会碰到各种困难，自己难以解决，这时候他就需要一个好的团队。一个好团队的作用是非常大的，它可以帮人们找到人生的目标和方向，找到正确的处事态度，可以帮人们从逆境中走出来。

年轻人初出茅庐，满腹理想，但是很容易好高骛远，往往在追求自己的理想、实现自己抱负的过程中，掺杂很多不切实际的东西，一旦理想不能实现，便开始抱怨“理想太丰满，现实太骨感”，不是怨天尤人，就是自暴自弃，这样很容易钻牛角尖，影响自己的未来发展。这时候，就需要依靠好的团队了。自己想不明白的时候可以依靠集体，和领导、同事们多沟通，好的团队一定会帮你尽快理清思路，让你少走弯路，朝着正确的方向努力。

有人说，古时候的能人要打仗，要占山为王，要称霸称帝，所以当然少不了军队，少不了团队，但是现在我们是社会主义社会，没有战争没有打打杀杀，因此团队的力量也没有那么重要吧？其实不然。

我们现在所处的社会，是很少有打仗的情况，没有一般的打打杀杀，但是没有硝烟的战争有时候比战场上血淋淋的战争还可怕。看似没有战争，其实到处都有无烟的斗争。现在的孩子从六七岁起就要开始上学，接受教育，学习知识，那么小的孩子就要承受压力。这正是当今社会残酷的竞争造成的。“不能输在起跑线上”，所有家长都望子成龙，希望自己的孩子将来可以有所成就，最起码不能太落后于别人，那样他就无法在社会上生存下去。

面对越来越激烈的社会竞争，我们现在的时代其实比任何一个时代都需要团队与协作。生活需要协作，工作需要协作，创业更需要协作。一个人的力量在复杂的社会上太渺小了，只有集体协作的力量才是强大的。一个人做不了的事，或许两个人就做好了；两个人做不了的事，或许多几个人就完成了。无数个体团结在一起，发挥出来的力量不是简单叠加那么简单，而是无可比拟、超乎想象的。

第二节　团队精神是成功的关键

相信我们大多见过蚂蚁搬运食物，它们用嘴咬着比自己大许多倍的食物，用尽所有力气将食物一点一点拖向同一个方向，它们齐心协力、众志成城，直到将食物运回它们的巢穴里。这就是蚂蚁精神，这就是团队合作精神。它们成功的关键就是这样的精神，为了共同的目标，团结奋进，竭尽全力。

在我们的生活中，团队合作无处不在。从人类进化的历程以及动物间的生存之道中，我们不难发现，世界的任何角落都存在着相互合作。群体所能达到的力量，是个人能力所无法企及的。一个人要想成功，必须依靠团队合作，必须要有团队合作精神。

1. 团队精神的作用

所谓团队精神，其实就是要有大局意识，有向心力、凝聚力，个人利益要服从集体利益，为了完成团队目标，大家齐心协力、共同合作，完成一个又一个目标，在集体目标完成的同时，个人利益也可以得到满足。

一个有团队精神的团队，团队成员会有主动性和创造性，大家拧成一股绳，使整体的战斗力和竞争力大大增强，从而促进团队快速和谐发展。

那么，团队精神有什么作用呢？

（1）目标性。每个团队在不同的时期都会设定不同的目标，在团队精神的作用下，团队成员齐心协力，共同朝着同一个目标奋斗。大家劲往一处使，心中只有一个共同的目标，但是这个大目标又被每个成员分解成无数个小目标，在大目标完成的同时，每个人的目标都能实现，利益也会得到满足。

（2）凝聚性。团队精神使团队成员之前形成一种很强的向心力和凝聚力，这是每个团队都迫切需要的，没有凝聚力的团队就相当于一盘散沙，毫无团队精神可言。团队精神的培养需加强成员之间的沟通和交流、相互的协作与帮助，形成一种强烈的归属感和责任感，从而产生一股强大的凝聚力。

（3）激励性。团队成员之间在相互协作共同进步的同时，也难免存在一些相互竞争，大家你追我赶，都想做最优秀的成员，证明自己的能力，实现自身价值。这种正常的竞争机制就形成了一种相互激励，使大家在竞争的同时都能得到进步，对团队的长远发展也是很有利的。

（4）控制和协调性。是团队就会有团队的纪律和规章制度，因为在团队里，每个人不可能像自己生活时一样随心所欲，成员们的行为需要进行约束。通过共同的制度来协调大家的行为习惯，这样才能让大家彼此妥协，相互适应。团队合作精神让大家学会遵守制度，以团体利益为首，尽量约束自己的行为，这样更有助于团队文化的形成，更利于团队和个人的全面发展。

2. 团队精神的重要性

人生处处需要合作，这是一种互惠互利的活动，而合作就要有合作的精神，这是最基本的要求。在一个团队里，要有起码的团队精神，这样才能与大家和平共处，共渡难关，共同进步。

蚂蚁在逃离大火包围的时候，它们迅速靠拢，聚集成一个蚂蚁团，像雪球一样飞速滚出火海。伴随着噼里啪啦的烧焦声，外围的蚂蚁在火里壮烈牺牲，而大部分蚂蚁都存活了下来。最外围的蚂蚁们用它们的自我牺牲换得了同伴们的生命，它们奋不顾身、无怨无悔。

在发大水的时候，蚂蚁也会凝聚成这样的蚁球，随波逐流，外层的蚂蚁有些会被大水冲走，但是大部分蚂蚁最终会被冲上岸，从而幸存下来。正是这种团队精神让大部分蚂蚁活了下来，它们用团队的力量救了自己，救了同伴。

团队精神可以增加个人的社会责任感和集体荣誉感，促进团队整体发展。有了团体，个人就有了归属感，这就无形中增加了个人的责任感，团队成员会更加积极地完成自己的职责，并且会努力维护集体的荣誉，从而推进团队快速有序的发展。

团队精神让团队成员之间更加团结友爱、互帮互助。在一个具有团队精神的团体里，你可以时时刻刻感受到同事的友好和关心，这样大家工作起来会更加有激情、有主动性，更愿意以全部的热情投入团队工作中，从而使团队和个人都得到更好更全面的发展。

团队精神有利于减少内耗，一致对外。如果团队成员之间都可以互帮互助、和睦相处，大家都勇于承担责任，而不是互相推诿，那么就可以减少很多内部矛盾，提高内部的凝聚力，有助于大家一致对外，早日完成既定目标。

团队精神能使小智慧变成大智慧，激发创造力。1998年抗洪抢险，是依靠全国人民和解放军战士的团队合作精神才化险为夷的；抗击“非典”，是依靠各条战线上白衣天使们的团队合作精神才取得成功的；神舟六号的成功发射，靠的是全国航天科技工作者们的团队合作精神……团队精神是一切困难与恶势力的天敌。

一个人想要成功，想成为强者，必须依靠团队，必须要有团队合作精神，这是立于不败之地的关键。

3. 团队精神的误区

我们要认识到，团队精神尊重个性与特长，使个人爱好与成就得到充分发展。我们强调团队精神，并没有忽略个人的成绩与表现、个人的利益。团队精神与个人英雄主义是相对立的，但同时也是相统一的，我们必须正确对待这两者的相互关系。

过分强调个人英雄主义，会降低团队的整体战斗力和凝聚力，让其他成员产生抵触心理。但是过分强调团队精神，忽略个人英雄主义，又会造成对个人主动性和积极性的打击，最终形成“大锅饭”的局面。

团队精神也要尊重个人的个性和成绩，它并不要求团队成员牺牲自我。相反，要完成共同的任务目标，就要充分发扬个人的能力和特长，这样才能保证团队成员的积极性和行动力，才能保质保量地完成任务。

所以，我们在强调团队精神的同时，也要注重对个人英雄主义的适当肯定，只要把握得当，两者是可以相辅相成的。

那么，我们怎样才能处理好二者之间的关系呢？

首先，要树立团队精神，增强个人的团队合作意识。“大河流水小河满，大河无水小河干”，只有团队的整体目标实现了，自己的潜能才能得到很好发挥，个人的利益才能得到保障。个人永远脱离不了团队，积极培养自己的团队精神，有助于团队和自我的长远发展。

其次，个人利益服从团体利益。团队精神和个人英雄主义是很容易产生矛盾的，这时，必须理性地对待和处理，如果处理不好，就会影响个人的积极主动性和团队整体的竞争力。在原则上，个人利益必须服从团体利益，个人能力的发挥要在保证团体利益的基础上，如果过分强调个人英雄主义，整个团队的凝聚力就会丧失，那么这个团队就无疑成了一盘散沙。

最后，在保证团体利益的前提下，适当发扬个人英雄主义。每个团队成员都有自己的个性，他们性格不同，能力不同，习惯不同，心理素质也不同，要因人而异对待个人的天分和个性。要给所有人充分发挥才能的机会，多听取成员们的意见，最大限度地调动个人的能动性和创造性。很多时候，个人英雄主义并不是坏事，要懂得适当发扬，有时候会产生意想不到的收获。

第三节　团队精神的培养

从前面几小节我们已经可以认识到团队精神的重要，团队精神是一个团队建设的重中之重，所以要想建立一个好的团队，必须要加强团队精神的建设。

两个人在一块地里拼命地干活，一个人拼命地挖坑，而另一人拼命地填土。一个路过的老人看不懂，就问他们在做什么。原来，本来应该是三个人一起分工栽树的，但是负责栽树的人没有来。挖坑的就说："我的责任是挖坑，那我就只管挖我的坑。"填土的也说："我是负责填土的，我只管填好我的土。"

挖了坑，再填上，那不是跟什么都没做一样吗？这就是不懂得团结协作、互帮互助的后果，一个没有团队精神的团队，注定是一事无成的。

那么，怎样培养团队精神呢？

1. 个人要处理好人际关系，积极培养团队精神

作为团队的成员之一，要积极培养自己的团队精神，与其他团队成员融为一体，团结互助，这样才能共同走得更远。

(1) 要建立良好的人际关系，用心对待他人，多发现别人的优点，多赞赏别人，多帮助别人。很多时候，帮助别人就等于帮助自己。你怎样对待别人，别人就会怎样对待你。我们要多与他人进行沟通，让他人分享自己的喜悦和成就，与团队成员建立相互间的信任。生活中的很多事情，其实并不复杂，最复杂的就是人际关系，人际关系处理好了，很多事情都可以迎刃而解了。

(2) 管理好自己的情绪，保持乐观向上的心态。我们每天都要处理各种各样的事情，面对各种各样的人，难免会产生很多负面情绪，有时会感到委屈、苦恼、愤怒等，这时候我们经常会丧失理性，被这些负面情绪所左右，甚至产生一些很不好的想法，比如一生气就想不干了，跟领导吵一架，这些都不是乐观的处事态度，事情得不到解决，反而会越来越糟糕。这时候我们就应该迎难而上，不能被不好的情绪掌控，要用积极的心态面对，用自己的实际行动告诉大家，我是可以做到的。这时不仅自己的成就感倍增，也会得到别人的赞赏和效仿。

(3) 对待他人要平等友善、互助团结。一个再优秀的个人也有自己做不到的事情，这就是为什么任何一个人也脱离不了团队，他也需要他人的帮助。所以即使你再有能耐，也不要对别人傲慢无礼，要平等谦逊、友善和睦，因为说不定哪天你就有用到别人的时候。大家是一个团队的，就要

友爱互助，共同进退。这就是团结合作的精神。

(4) 不断激发自己的创造力。团队的发展离不开每个团队成员的努力，每个人在平时工作中都要努力培养自己的创造能力。遇到难题时，大家要集思广益，充分发挥自己的聪明才智，尽自己的最大力量为团队解决问题、创造价值，自己的能力也会在创造的过程中得到意想不到的提升。

(5) 虚心接受他人意见。每个人都有自己的优势和缺点，人无完人，再完美的个人也会存在不足之处。我们平时要多多听取别人的意见，接受别人的赞美和批评，这样我们才能做到扬长避短，不断完善自己。同时，我们在夸赞别人的同时，如果发现别人身上的不足，也应该及时提醒，让对方尽量减少犯错。这样我们就可以共同进步，也可以让团队越来越壮大。

2. 领导者要有卓越的才能和影响力，指引团队前进

领导是一个团队的核心，一个好的团队，一定会有一个卓越的领导者指引团队前进。作为领导者，首先要保证自身的能力和影响力，要有高于常人的领导力，才能带领团队走向成功。这也是培养团队精神的关键环节，有好的领导，才会有好的成员愿意跟随。

(1) 增强领导者的影响力。领导者要有吸引力、感召力和凝聚力，要通过自己的人格魅力吸引团队成员追随他，服从他的领导，在团队遇到困难的时候，可以不顾一切地与团队共渡难关，坚守到底。没有影响力的领导是做不到这样的，当面临困境时，下面的成员估计早就“大难临头各自飞”了，因为他们不相信自己的领导，也就对团队没有信心，那就谈不上什么团队精神了。所以一个领导者的凝聚能力，很大程度上决定了团队的

向心力和凝聚力，决定了这个团队有没有团队精神。

(2) 领导者要德才兼备，要了解团队成员的心理需求，要多倾听，尊重他们的意见和需求，而不能仅凭自己的主观意见判断问题，做出决策。多倾听和了解，才能做出更好的决策。大家都希望有一个“明君”，而不是“暴君”，“得道者多助，失道者寡助”，能够以理服人的领导，一定会受人拥护和跟随，而喜欢监管和控制他人的领导，是不会受到拥戴的，这样的团队也不会发展长久。所以，好的领导者要靠自己的组织协调能力去感召别人，要多倾听不同的声音，求同存异，最终做出英明的决策，这样的领导才能得到下属的尊敬爱戴，也更有利于减少风险，有助于团队的长远发展。

(3) 团队领导者要多鼓励团队合作。领导者要把团队成员当成自己的朋友，自己带头多鼓励大家一起合作，而不是制造竞争氛围。有的领导者为了便于自己管理或者猛抓成绩，经常鼓动成员之间的竞争，让大家时时处处都表现出你追我赶、输赢决定成败的气势，这样很不利于团队的团结协作。还有些领导会嫉妒他人的才能或业绩，处处打压那些功高盖主的优秀人才，生怕下面的人超过自己，其实这种想法是大错特错的，成功的领导者都善于发扬他人的长处，通过大家的合作才达到目标与共识，大家互信互利，这样的领导才是好的领导，才能带出好的团队。

(4) 领导者要注重加强团队成员之间的团队合作精神。团队领导者要想尽各种办法培养、加强成员之间的合作意识。比如经常创造一些团队活动，像拓展训练、培训学习、全体会议、激励活动等。还要经常引导团队成员使其牢记团队的目标及未来愿景，让成员的个人目标与团队目标保持一致，这样大家就更有动力团结合作，共同奋斗。

3. 团队要树立统一的目标和思想，将成员团结起来

想要培养团队精神，团队必须有切实可行的发展目标、战略思想以及一些团队纪律、规章制度，这样才能统一人心，统一大家的行动，将团队成员真正团结起来。

（1）要设立团队的发展愿景。团队要有明确的目标和发展愿景，这样为了共同的愿景，大家才会拧成一股绳，同甘共苦，让全体成员的心凝聚在一起，形成坚强的团队。团队愿景其实就是团队存在的价值，它的存在使得成员更有奋斗的目标，通过实现团队愿景从而实现自己的人生目标。但团队的发展愿景是要切实可行的，不能盲目制定，要有一定挑战性又要让团队成员觉得有信心可以完成，遥不可及的愿景也很容易让成员失去奋斗的激情。

（2）树立团结协作的思想。要把团结协作作为企业文化的一部分，在团体内部树立“我为人人，人人为我”的思想，鼓励大家相互协作，发扬团队合作精神，主动帮助他人。要识大体、顾大局，摒弃个人之间的恩怨矛盾，以大局为重，团结互助，群策群力来解决问题，完成任务。

（3）建立系统科学且人性化的管理制度。“无规矩不成方圆”，团队就要有团队的制度。管理制度可以约束和规范成员的行为，使大家的行为形成一定的规范化、统一化，有利于团队工作的高效运行，更有益于团队精神的培养。

七个人住在一起，他们每天分一大桶粥喝，但是，每天的粥都不够喝，所以他们在分粥的问题上很费脑筋。最开始他们通过抓阄来决定由谁来分粥，这样每天轮一个，于是每周只有自己分粥的那一天，他才是吃饱的。后来他们又推选出一位大家觉得比较高尚无私的人来分粥，于是大家都开始想方设法讨好他，弄得这个小团队的风气很不好。他们又组成分粥委员会以及评选委员会，这样每次分粥前大家互相扯皮，到喝粥的时候粥都凉透了。最后他们想出来一个办法：还是轮流分粥，但是分粥的那个人必须等到别人都挑完了，他才喝最后剩下的那碗粥。于是，每个人分粥的时候为了不让自己喝到最少的，就尽量分得比较平均了。之后大家和和气气，再也没有因为分粥的事情而闹矛盾。

同样的一个团队，不同的分配制度，就会形成不同的风气，整个团队的合作氛围也会不一样。所以，制定一个好的管理制度非常重要。

(4) 强化激励政策，激励创新精神。没有创新就没有发展，要想取得长远发展，必须不断创新。团队要不断激励成员的创新精神，使其不断成长，不断创造奇迹。比如为成员提供学习培训的机会，交给他一项挑战性的任务，给予奖金、物质激励，提供提拔、晋升机会等，都是一些激励的方法。通过强化激励，可以激发成员的斗志，让其更加渴望成功，从而不断提升自己，朝着目标不断努力。总之，激发成员的竞争激情，才能保持永久的战斗力，永久的创新力。这也是保持团队战斗力的秘诀。

(5) 激发团队成员不断学习，与时俱进。“活到老，学到老”，一个人或者一个团队，要想在残酷的社会竞争中立于不败之地，就必须与时俱进，不断学习新的知识、新的思想、新的战略方针。可以进行团队学习，比如安排团队成员轮流讲课，将个人的一些知识见解讲授给其他成员。“标杆学习”也是一种很好的学习模式，比如向团队内部的先进人物学习，向成功企业的先进模范学习，向竞争对手的标杆学习，向顾客的标杆学习等。通过各种方式学习对自己、对团队发展有用的东西，可以不断发展自己，壮大自己，也可以带来大量的信息共享，更有利于团队精神的建立。

(6) 加强团队内部的沟通和协调。要想形成好的团队精神，团队之间的协调和沟通是必不可少的。沟通可以帮助大家相互了解和彼此理解，建立彼此间的信任。经常沟通也可以相互交流工作的方法和主张，遇到不一致的情况就要进行协调，求同存异，最终达到最好的沟通效果。

(7) 重视团队内部的良性冲突与竞争。有合作就有矛盾，有和谐就有冲突。团队之间总会存在一些冲突与矛盾，这也是在所难免的。好的领导者会很好地意识到这些冲突，并找到解决的办法。冲突分为良性冲突和恶性冲突两种。对于不良的冲突要当机立断，尽快解决。但是一些良性冲突其实对团队是有利的，这种冲突一般都是由于双方的目的一致而方法或途径不一致造成的。领导者要学会识别这些冲突的本质区别，适当地鼓励一些冲突的存在，并适当引导，使其产生有利的效果。

总之，没有团队精神的团队，是没有长远发展可言的。但是，培养团队精神也是任重而道远的，不是一朝一夕可以达成的事情。所以，团队的每个成员和领导都要从点滴做起，积极培养自己的团队精神。

第四节　如何发挥团队合作精神

“千人同心，则得千人之力；万人异心，则无一人之用。”这句古语说的就是团队的力量，就是我们所强调的团队精神。团结协作是一切事业成功的基础，我们只有依靠团队的力量，才能把不同的个人团结起来，产生1+1＞2的效果。

一只狼并不可怕，但是一群狼的攻击力就超乎想象了。我们在工作生活中，也要学习狼的合作精神，一个人再强大也只是单打独斗，而一群人团结起来，就能形成一个强大的军团，充分发挥团结协作精神，就可以做到无往不胜。

那么，在工作和生活中，我们要怎样才能充分发挥团结协作精神呢？

1. 建立信任关系，营造良好的合作氛围

信任是人与人之间关系的纽带，人与人之间的关系，说复杂其实并不复杂，只要学会充分信任身边的人，营造良好的人际关系，那么我们的工作、生活、学习的氛围都会变得比较轻松愉悦。

如果我们能与同事、领导形成和谐的信任关系，那么我们相处的气氛

就会很融洽，这样就会有助于营造相互尊重、相互理解的工作氛围和宽松的工作环境，更利于激发我们的工作热情，我们会将更多的时间投入工作中去。良好的合作氛围也更有益于形成团结一致、互帮互助、齐心协力的团队合作精神。

雄鸟和雌鸟在一起生活，雄鸟把采集了满满一巢的果仁交给雌鸟保存，但是天气干燥的时候，果仁就脱水了，看上去只剩下原来的一半多了。雄鸟就以为是雌鸟偷吃了，一气之下就把雌鸟给啄死了。后来连下了几场雨，空气湿润了，果仁就膨胀成满满的一巢了，这时的雄鸟知道是自己错怪了雌鸟，但是大错已经铸成，后悔也来不及了。

这个故事告诉我们，团队成员之间要相互信任，不要因为猜疑，让自己的意气用事毁了原本的幸福的生活或工作团队。

信任别人本身就是一种美德，在与同事相处的时候，一定要给予充分的信任，这样别人也会给你好的建议和帮助，从而使困扰的诸多难题都变得豁然开朗，迎刃而解。

和周围的人共事，自己要多一点谦虚，多一点信任，多一点宽容，多一点主动。在这样和谐的氛围里工作和学习，我们才能保持心情舒畅，工作效率才会提高，做起事情来才会事半功倍，也更有利于建立相互欣赏、相互信任、互帮互助的奉献精神和团队精神。

2. 积极参加团队活动，增强协作精神

一个盲人和一个瘸腿的人被大火困在同一所房子里，凭他们个人的力量就只能坐以待毙了，但是瘸腿的人明亮的眼睛和盲人健全的四肢聪明地组合在了一起，盲人背着瘸腿的人，瘸腿的人为盲人指路，两人终于逃出了大火。

“二人同心，其利断金”，这就是合作的力量。“三个臭皮匠，顶个诸葛亮”。在遇到困难的时候，大家共同想办法、出主意，凝聚起集体的力量，总会找到解决的办法。当我们在工作中遇到难以解决的问题的时候，我们最需要的是什么呢？我们需要的是领导、同事们真诚的鼓励和帮助，需要的是大家给予团结协作的力量，这些使我们感受到来自团队的温暖，来自团队的巨大力量。

所以，我们平时要多参加团体活动，这样可以增强大家之间的团结协作意识，产生强大的团队合作精神。

一个团队，如果人心涣散，大家各行其是，就会成为一盘散沙；一个人，如果脱离团体，不能跟大家团结协作，就会形单影只，再多的聪明才智也得不到很好的发挥，更谈不上成功二字。

成功，需要团结协作的合力，需要团队精神的支撑。只有懂得团结协作的人，才会把团结协作当成自己应尽的责任，才能明白团结协作对自己、对别人、对整个团队的意义所在。

我们在与他人相处的时候，要站在对方的角度想问题，不要把自己的

思想强加给别人，要懂得换位思考，这样你才能更好地理解别人，别人也会更加欣赏、尊重你，团结协作才更有成功的可能。

3. 加强沟通交流，增进合作强度

两只乌鸦因为误会在树上开始对骂起来，谁也不愿意好好解释，也不愿意给对方辩解的机会，它们越骂越凶，越吵越激动，最后一只乌鸦随意叼起一样东西向另一只乌鸦打去。那东西击中对方后碎裂开来，这时丢东西的乌鸦才发现，自己打出去的东西原来是自己一只尚未孵化好的蛋。

冲动是魔鬼，遇到事情要冷静对待，千万不能冲动，冲动不仅不能解决问题，反而会使问题变得更糟，保持理智，进行冷静的沟通，才是真正的解决问题之道。

良好的沟通是人际交往的基础和前提，沟通可以缩短人与人之间的距离，是人际关系中最重要的一部分。

狮子和老虎进行了一场激烈的打斗，结果是两败俱伤。最后，狮子战败，在狮子临终前，它对老虎说："要不是你非要抢我的地盘，我们也不至于闹成这样。"老虎惊讶地说："我从来没想过要抢你的地盘啊，我还以为你要侵略我呢！"

这个故事充分说明了沟通的重要性，有矛盾不说出来，憋在心里面，谁知道你在想什么？这样很容易产生误会，最终造成不可挽回的严

重后果。

在一个团队中，沟通是最重要的问题。良好的团队沟通是成功的关键要素，是促进团队和谐发展的重要手段。团队沟通是团队成员合理利用现有的资源，沟通协调处理团队内部各种事务，以实现团队的共同目标和和谐发展。新员工要想快速进步，必须做到心态“归零”，虚心与老员工沟通，向老员工学习，老员工也应该积极主动帮助新员工学习成长，新老员工多与其他成员沟通交流，才能做到团结友爱、协作共进。团队领导应该多考虑团队内部的沟通方式问题，这直接关系到团队是否可以高效运转，对企业来说是极其重要的。

4. 鼓励团队成员发挥自我个性

前面章节讲过，团队精神并不是要求团队成员牺牲自我，相反，要鼓励每个团队成员挥洒自己的个性、表现自己的长处。每一位成员都各尽其能、各得其所，这才是真正团结又和谐的团队。

每个人都是独特的，每个人都具有一些特性。用自己的特性去做自己力所能及的事情，去影响别人，这就是每个人的个性。和谐团队的发展需要不同个性的成员，团队中每位成员的个性也应该是不同的。一个团队应该收纳不同个性的人，这样大家才能扬长避短，形成互补。不同的能力组合在一起，就是无所不能的。

团队是由一个个成员组成的，每个团队成员都是自由人，都有自己的个性，都需要按照自己的个性生活，让他感到个性受到压抑的团队，他会本能地排斥。而且人一旦失去了张扬个性的意识，听天由命，随遇而安，那么，他也就失去了发展意识和创新精神。所以，好的团队要鼓励成员的个性发挥。

当然，我们所提倡的张扬个性，只是在相对宽松的环境里，每个人可以充分地展现自我，发挥自我才能，而不是超越道德或法律的我行我素。同时，个性不应该凌驾于团队利益之上。作为团队的一分子，每个人的行为要受到团队制度的约束，其行为不能超出团队的利益范围。只有以维护团队利益为前提，尽量发挥个性，表现自我，为团队的发展和个人的进步做出贡献。

比尔·盖茨说过，正是因为有了永不言败的团队，他才拥有了今天的微软。他非常清楚，在当今激烈的市场竞争下，必须依靠团队协作精神，让每一位员工都有强大的合作意识，才能在商界竞争中立于不败之地。因此，微软从创业之初就非常注重高效团队的打造。

所以，发挥团队精神，对于每一个有目标的团队来说都是至关重要的，它可以产生事半功倍的效果，可以使团队全面稳固地向前发展。

第五节　寻找最适合的合作者

任何事情的成败，起决定因素的最终还是人，其次才是天时地利。所以无论是找合作者，还是找员工，我们都需要找到最合适的人才行。

创业是一条艰难而漫长的路，过程中会遇到各种意想不到的麻烦，而解决这些问题的关键因素也是人，所以，选择正确的合伙人和员工是最重要的。

但是，要想找到合适的人才，那是相当不容易的。尤其是创业初期的时候，这时候不仅是你挑人才，人才也挑你，待遇、工作强度、发展前景等各种因素都制约着人才的引进。人才很重要，但是找到一个合适的人才真的很难。

1. 你最需要什么样的合作者

要找到合适的合伙人，首先，你要弄清楚自己需要什么样的人才。这个合伙人对你今后的发展起着至关重要的作用，关系着企业的前途和命运，所以对合伙人要严格把关。

对于刚创业的新企业，可以寻找一些有激情的年轻人，带动企业的发展活力，然后根据企业发展需要，收纳各方面的人才。但是对于参与日后重要管理工作的合伙人，一定要谨慎挑选。

四条选择合伙人的标准：“人品第一；价值观第二；工作态度及行动力第三；沟通意识、合作精神和奉献精神第四”，这四个条件缺一不可。小建议：合伙人必须在同一个单位共事过一年以上的时间。因为人的工作面和生活面所表现出来的行为是完全不同的，有些人可以当很好的朋友，但不可以做很好的合作伙伴。而且四个择人标准是需要时间的考验的，只有共事过才能看出来是否合适。

(1) 人品最重要。所谓做事先做人，做人做好了，才能做好事情。做人是做事的基础，一个人若无一个好的人品，不论从事哪个行业，都不会得到别人的认同。评价一个人，最基础的就是人品，无论做任何事情，人品的好坏都是第一位的。人品也在很大方面代表了一个人的职业道德、职业操守。一个能力再强的人，如果人品不好，那么给团队带来的影响是非常恶劣的。评价一个人人品的好坏，可以从是否善良、孝顺、乐于助人以及脾气好坏等方面来判断，所以人品好坏是选择合伙人的第一要素。

(2) 好的人生观和价值观很重要。合伙人一定要与自己有着相同或相近的人生观和价值观，这样才会有良好的合作。树立正确的世界观、人生观、价值观和道德观，是我们做人做事的基本原则。好的价值取向是决定成功与否的因素之一，而共同的价值取向是合作成功的开端。

(3) 工作态度和行动力是需要考虑的。态度决定一切。一个人能力再好，如果没有好的态度，一样不会有好的结果。工作能力可以培养，但是工作态度是一个人长期以来形成的，很难改变，所以，要培养一个人的态度和作风是很难的，态度比能力更重要。凡事敷衍应付不认真对待的人，走到哪里都是不受欢迎的，合作者一定要有良好的态度。

行动力也要考虑。思想的巨人行动的矮子，这样的人再怎么聪明也不会成功，想到了不去做，就等于什么也没想到，行动了才会有结果，不行动永远不会有成果，而做了没有结果，也等于没有做。好的行动力也是决定成功的重要因素。

(4) 沟通意识、合作精神和奉献精神也很重要。一个好的团队要有共同的愿景和目标，而团队精神不是一两天可以培养出来的，这需要团队成员之间无处不在的沟通。每个人都有不同的立场、观点和利益，关键是大家都要开诚布公地谈清楚，不要委曲求全，真诚沟通才是合作的最好基石。

有合作精神和奉献精神也很重要。团队精神的精髓所在就是合作精神和奉献精神，所以这是寻找合作者必不可少的条件。要得到就必须先付出，凡事斤斤计较不愿吃亏的人是不可能成大事的。吃亏是福，奉献精神其实是利人利己，可以帮我们得到很多意想不到的收获。

2. 要掌握主动权，谨慎挑选合伙人

挑选合伙人，要做到宁缺毋滥，要相信一个没有能力的员工是毫无价值的，一个不合格的合伙人是最要不得的。一个优秀的人才，因为他的合格，一个人甚至可以顶几个人用，那他就应该获得更多更好的报酬。而一个平庸的员工即使要求的报酬再低，他要是不能给团队带来利益，甚至有时还会起到反作用，这样的人也只会给团体带来麻烦与损失。

人与人之间的感觉很复杂也很奇怪，有的人你第一次见到就可以喜欢

他、相信他、支持他，而有些人却永远是“话不投机半句多”，而大多数人我们都需要经过慢慢相处才能认识并了解。

在选择合伙人的时候，一定要多了解，不能盲目决定合作。在没有完全考察好这个合伙人时，一定要掌握好主动权，不能轻易地将重要的机密要务交出去，否则一旦发生纠纷，你就会很被动，也会有损公司利益。所以一定要掌握主动权，将团体利益损失尽可能地降到最低。

一个团体要发展，需要各种各样的人才，除了下面的员工，一个好的合伙人是最重要的，但是这个合伙人是很难找的，才能和人品都必不可少。所以在选择合伙人的时候，一定要慎之又慎，要多留心眼，以免被人反客为主，造成不可挽回的损失。

所谓“先小人后君子”，在合伙人入职前，在双方协商一致的情况下，可以与合伙人签订商业保密协议和竞争协议，对其进行相关约束，比如合作结束后两年内不得从事相关行业等，这样可以尽量减少公司损失。

3. 巧妙地处理好合作关系

选择好合作伙伴之后，在平时的合作中还要注意巧妙地维护彼此间的友好合作关系，这也需要大家都有团队合作意识。有了合作意识，大家就有了共同的奋斗目标，可以齐心协力朝着目标努力。

但是在奋斗的过程中，难免会出现这样那样的问题，这样就需要进行巧妙的处理，只有处理好各种合作之间的关系，才能将团队精神发挥到极致，将团队利益扩大到最大化。那么，如何巧妙地处理好这些合作关系呢？

(1) 有效沟通。友好的合作是建立在有效沟通的基础上的，所以，良好的沟通是合作双方必须要重视的环节。只有有效地沟通，才能确保双方都理解彼此的意图，减少误会，避免各自为政的情况发生，少走弯路，朝着共同的目标大步前进。良好的沟通，真诚、互信地合作，把所有事情都公开地探讨，这样才是友好合作的最佳途径。

(2) 互相尊重。合作双方都是独立的个人，双方要做到相互尊重，有了矛盾要用友好的方式去解决，尽量避免对彼此造成人格上的侵犯或者让对方觉得没有受到尊重。有了相互尊重，双方才能更愉快地合作。

(3) 友好解决矛盾，不断维护关系。合作过程中难免会出现一些意想不到的问题和矛盾，这时就需要合作双方坐下来平心静气地解决问题，这样才能很好地修复双方的关系，合作才能愉快地进行下去。否则，问题越积越多，矛盾越来越凸显，对接下来的合作非常不利。

(4) 一定要做到平等互利。在双方合作之前，要提前约定好利益分配关系，在之后的合作中，不管有无利益纠纷，利益多少，都要做到平等互利。合作中要拿出自己的风险精神，记住吃亏是福，不能有私心，有私心的人是不适合一起合作的。

第六节　做个出色的合作搭档

团队精神的实质就是指团队成员之间的相互协作。团队成员是否能够友好协作，决定着团队建设的成败，更决定着事业成败。

中国人民解放军能够成为一支受老百姓爱戴的战斗化军队，并在新的时期能够有新的发展，最重要的原因就是他们懂得团队协作。

所以，好的团队协作非常重要。要想成功，必须借助团队协作，而要想建设好的团队，你需要有优秀的合作伙伴，但是首先你要努力做到可以成为别人出色的合作伙伴，这样才有资格有资本去要求别人。

1. 不做拖累别人的队友

俗话说："不怕神一样的对手，就怕猪一样的队友。""猪一样的队友"很多时候比"神一样的对手"更可怕。在合作中，我们要尽量避免与"猪"一样的合伙人合作，也要首先自己不做"猪"一样的队友，不能拖累别人。努力提升自己，各方面都尽可能做到优秀，这样才能在合作中做一个出色的合作搭档，让队友对你竖起大拇指。

"神一样的对手"会给我们造成巨大的心理压力，容易打击团队内部的积极性，甚至让我们未战先败。但是只要勇敢面对，壮大自己，“神一样的对手”也不是不可战胜。而“猪一样的队友”给团队造成的损失往往是巨大的，甚至是毁灭性的。一个团队里最忌讳的就是这种拖累别人的队友，这样的人往往会影响整个团队的作战效率，甚至有时会让整个团队的计划满盘皆输。所以，好的团队里一定不能收纳拖累别人的队员。短板理论告诉我们，团队的整体战斗力常常取决于能力最差的那个队员，拖累别人的队友会明显拉低整体的实力。

如果有了拖累别人的队友存在，就会打击团队的积极性和工作效率，这很不利于团队的发展，也不利于团结协作。没有了团结协作，就谈不上团队精神，更谈不上什么远大理想与愿景的实现。所以说，拖累别人的队友带来的压力更大，一定要加以防范，严肃处理，不能任其发展下去，他们对整个团队的影响是非常可怕的。

我们自己也要经常反思，自己有没有给团队添乱，有没有给队友惹麻烦，有没有拉后腿，是不是不自觉地做了拖累别人的队友。反省的同时一定要经常学习，不断壮大自己，提高自己的工作效率，尽量不要拖团队的后腿，争取做一个优秀的成员。

2. 摆正心态，懂得分享

在团队中，一定要懂得与同事分享，这样别人也会与你分享，你就会得到较好的人缘。处理好人际关系，已经成了现代社会生存竞争的重要法则。在良好的人际关系氛围中，你才能更游刃有余地处理好各种相关事务，更好地工作和生活。尤其是在团队协作中，懂得分享，懂得处理好人际关系，才能更好地发扬团结协作精神，更好地实现团队整体目标和个人发展目标，也才能有更好的发展前景。

想要在团队里很好地生存与发展，我们应该放弃一些自私的个人想法，要以团队利益为重。有好的想法和成果要懂得与他人分享，这样有利于发展好的团队协作氛围，营造团队协作精神。有了好的团队协作，团队和个人才能稳步走得更远。

很多人在平时的工作中，不愿与别人分享太多，他们给人的感觉好像总是鹤立鸡群，独来独往，虽然他们默默地工作，但总是觉得自己做的事情与别人没有太大关系，不怎么跟别人沟通，甚至看谁都不顺眼，觉得就只有自己是个人物，这种人往往是不会有好的人缘的。而没有好的人缘，也就不会得到同事的友好相助，更得不到领导的重视。一个人如果总自以为是的话，就算工作再出色，也不会得到同事的尊重，他的成绩也会被领导忽视，因为大家都知道，这样的人是最自私的，他所做的一切只是为了自己的利益，不会为团队和队友带来太多的利益。

所以不要吝啬你的分享，不要以为分享自己的劳动成果就是吃亏，你与他们分享了，别人也会与你分享，这样大家共同成长，共同进步，更好地合作，才能创造更大的价值。善于分享才能保持好的合作，懂得协作的人才会有好的人缘，有好的人际关系的人才能真正获得成功。

那种处处标榜自己而忽略他人，甚至把他人往下踩的人是不可能得到好下场的，只有愿意与别人分享方法、分享成绩的人才会获得大家的拥护与帮助，才会得到好的人际关系，进而得到各种便利。否则，一个人能力再强，离开了团队的支持，也是很难一直走下去的。

3. 大局为重，协作制胜

一个人不可能把每件事情都做到很完美，但是团队协作可以帮你做到。协作才能制胜，团队的力量是不可估量的，一定要重视团结协作的力量，凡事以大局为重，不能为了一己私利损害团体的利益，更不能破坏团队的协作氛围。

小王是某公司市场部的一名员工，他的部门因为有团队协作精神，整体业绩和个人业绩都非常不错，也经常受到上级领导的表扬。但是，这种好的团队协作氛围后来被小王的一个举动给毁了。

一次，上级领导把一项重要任务交给市场部，部门经理认真研究，反复考虑，迟迟没有拿出好的方案。而小王却认为他可以很好地完成这项任务，便在没有与经理沟通的情况下，直接向上级领导表示自己可以承担此任务。领导就让市场部经理和他共同执行这项任务，但是小王的做法明显是因为自己的一时逞能、急功近利，而损害了市场部的利益，破坏了部门的团结协作精神。结果，这个任务在执行时由于两人意见分歧较大，最终没有达到很好的效果，而市场部内部也因此出现了矛盾，以前良好的协作氛围再也找不到了。

像小王这样只求个人表现，扰乱部门正常工作氛围的行为是非常不可取的。团队协作中要以大局为重，保证与每个团队成员之间的良好协作，这样才能团结制胜，取得一个又一个成功。

每一个团队成员都有自己的个性、特长，不同的特长加起来就可以干好很多事情。而团结协作就是要发挥每个成员的特长，大家齐心协力，各司其职，就可以大大提高团队的战斗力，很好地完成共同的目标任务。一个人，也只有依靠团队协作，才能更好地发挥自己的才能。尤其是在职场上，大家只有依靠团队，相互协作，才能足够强大，一步步走向自己心中的目标。

第七节　合作共赢的原则

在古代，经常有剑客行走江湖，以为一个人可以拯救整个江湖，可是真正遇到战争，单个人依旧会淹没在炮火之中。一个人单打独斗的时代早已过去，合作成为人们开展自己的事业和在职场中生存的首要条件。合作，是事业成功的保证，是在职场取得优异成绩的法宝。

如果不与他人合作，想独自创业，将会受到无数次的打击，比如，你一个人开一家公司，账务不会做，可能公司运营不了几个月就得关门歇业；你一个人开公司，销售不会做，产品卖不出去，公司一样存活不了；一个人开公司，售后服务做不过来，公司一样不能长久。公司生来就必须是合作才能进行下去的，有人管行政事务，有人负责销售事务，有人负责售后事务，有人负责维修事务……这些人一起合作，公司才能壮大。

在职场上的合作同样重要，一个人没有三头六臂，就算是天才，也不可能擅长所有业务，必须是几位同事通力合作，分工做事，才能将职场上的难题轻松化解。

那么，合作这么重要，它需要遵循哪些原则呢？

1. 平等友善地合作

首先，平等友善是第一位的。在创业过程中，不免会出现两个或者三个，甚至更多的合作伙伴，这个时候，就要考验平等友善的工作方式了。既然是合作创业，那么，每一位股东对于公司的任何事务都拥有平等的发言权和表决权。如果有人想在创业过程中一人独大，以为所有事情都必须自己说了算，那必然会遭到其他股东人员的质疑，长此下去，不平等的合同模式必然不利于公司的长久发展。

就职场而言，平等友善更是十分重要。比如，领导安排了一个项目分给三个成员来执行并完成。那么，这三个人在平时的工作中理应平等地做好每一件事务，把每个人的分工认真做好，专心做好自己分内的事，不得去抢同事的事情做，也不能把自己的事情弄得一团糟，让同事来帮你处理未尽事务。对待合作伙伴也应该友善，而不得横眉冷对，妄加指责。自己做得好的地方，可以友善地向同事们提及，而不是对同事给予嘲笑。每个合作伙伴都应该拥有这样一种心态，平等做好每一件事，友善对待每一位同事。

2. 谦虚谨慎地对待每一次合作

在每一次合作中，态度是十分重要的。谦虚谨慎则是唯一法宝。

在每一次合作中，成员会被分成若干个小组，分别负责一个部分，各有所长，各自攻破自己的领域。

谦虚就显得十分重要。在自己擅长的行业，你可以尽情地施展自己的才华，把自己那部分的工作做得天衣无缝、毫无缺点。当其他同事在合作过程中，需要询问你的时候，谦虚的态度就十分重要了。谦虚在合作过程中体现了自己的职业操守和个人修养。面对一个问题，就算你是行业的专业人士、独特人才，也可以把自己当成平凡人，谦虚地向他们解答，把心态放平，谦虚待人，谦虚合作，这样，合作下去必然是一帆风顺的。

在合作中，有了谦虚还不够，谨慎和谦虚同样重要。在合作中，最常遇到的事情就是，这件事可以这么干，也可以那么干，根本没有固定模式，因为都是成立的。

那么，问题来了。怎么做，才能发挥最大的效益？怎么做，才是最完美的？

无疑，谨慎对待就显得尤为重要了。谨慎可以让合作变得更严谨，不出错。还可以让合作的结果更完美。把每一个细节重新检查一遍，务必做到滴水不漏。

3. 合作伙伴之间相互了解

在职场中，了解合作伙伴是十分必要的。了解了合作者是什么样的人品、习惯、行为准则，对于后期在合作过程中愉快地相处会起到很大的作用。

而对于创业来说，了解合作伙伴的重要性十分巨大，不了解合作伙伴，轻则可能对方卷款逃跑，重则公司债台高筑、关门大吉。

合作伙伴是应该相处共事的，而不是请来当老板享受的。

一个人的人品、性格、受教育情况、作风都是固定的，千万不要以为自己可以改变任何人。特别是 35 岁至 45 岁之间的人士是轻易不肯为别人改变自己的。

最好的合作就是双方十分默契，你说一句，他可以接下一句，这样的合作伙伴一定可以成功。

想了解一个合作伙伴，最好的方法就是询问他以前的合作伙伴的意见。现在创业圈子都是互通的，打听一个人的品行、性格、优点等事情是一件十分容易的事。

对于合作伙伴的各种过去的事务要十分清楚，比如，他的经济实力如何？他有没有从事创业的经验？他是否接受过专业的培训？他是否经常找借口？

对于合作伙伴对创业的目标要了如指掌，除了向他的朋友询问之外，也可以接近他的家人，看他平时的生活方式是怎样的。在生活中有担当的人，与人合作起来一定同样有担当。

如果与亲戚朋友一起合作，则要规定好责任和义务的划分以及利益的分配。千万不要因为是亲戚朋友而破坏了合作的原则和规矩。

4. 审核合作伙伴是否具备条件

在合作之中，对于合作伙伴的审核是很有必要的。他是否具备条件，决定创业是否成功。

比如，他与你是否能够达成经营的共识，在合作中能不能和你同甘共苦，如果创业失败出现亏损情况他是否愿意继续经营？

这些细节，在合作之初就得认真考察。

很多人在合作之初并没有把这些细节弄清楚，盲目地投资几百万元进去，却得不到收益，甚至出现破产的结果。可见，审核合作伙伴是十分有必要的。要当面对合作伙伴进行询问，有了共识，后面的合作才有意义，共识是成功的首要条件。如果两个人合作起来，意见都不一样，谈什么成功？如果一个人想往东发展，另一个人想往南发展，必然实现不了成功的事业。

在合作中，同甘共苦比资金投入更重要。就算合作伙伴投了五千万元资金，但如果他更会挥霍，没有把创业的资金有效地利用起来，一样会让企业经营惨淡，甚至垮掉。同甘共苦既是生活中的优良品质，又是合作伙伴的重要考核标准。大多数合作伙伴可以同甘，一起享受成功和财富，却不能共苦。这是很危险的。同甘十分简单，共苦则是考验一个真正的合作伙伴的试金石。

商海是无涯的，有的创业十分成功，比如马云，轻轻松松从一个推销员，成为跻身全球富豪排行榜的阿里巴巴集团的总裁。但有的创业也可能会失败。雷军在大学创办了三色公司，就因为经营不善，成立半年多就宣布破产了。

所以，在公司出现困难和亏损时，最考验合作伙伴的时候到来了。当然，在这个时候，有的合作伙伴会选择撤资，拿走少量的资金离开，这不是一个好的合伙人应有的品质。

最合格的合作伙伴是勇敢地一起面对亏损，找出亏损的原因，找出对策，一举战胜困难，走向新生和发展。

为了后期在合作过程中不出现矛盾和纠纷，最好的方式就是在合作之初签订一个《合作协议》，合作协议是很多股份制公司常用的方式。

合作协议很重要，一般包括以下几个方面：

第一，把每个合作伙伴管理哪些工作，有什么权限和管理范围明文标注在协议里面。白纸黑字写上了，如果以后有合作伙伴越权管理，或者自己的领域没有做好，就有据可依了。设立董事会制度是一个不错的选择。

第二，对于合作伙伴的合作期限做一个明确的规定，最好写明，不得提前脱离公司。规定好，如果提前脱离公司，就会有哪些制约和处置方式。

第三，把每个合作伙伴的投资额、所占据的股份明确写在协议里，这是每一年分红和利润分配的重要证明。

第四，将每一年的利润分配制度进行明文规定，并签字确认。

第五，对于新加入的合作伙伴如何管理和分配，进行说明。把每个合作伙伴的权利和义务写清楚，对公司有功的，必须奖励，对公司有过错的，也要进行处理。

第六，合作伙伴经常要以会议、聚会的形式多沟通，把工作中、合作中遇到的困难一起讨论，发现问题，及时解决。打消合作伙伴以为出了钱就是老大的心态，出了钱就等着收钱的错误思想。

由此可见，合作过程中，需遵循的原则是十分明确的。只有把这些原则充分地利用，各个合作伙伴之间才能有良好的合作关系，生意才能蒸蒸日上。

第二章 互信，合作的基础

任人之道，要在不疑。宁可艰于择人，不可轻任而不信。

——欧阳修

你信任人，人才对你忠实。

——爱默生

李先生想买套二手房，于是在中介公司职员的带领下去看了一套房源，他当时觉得挺满意的，但是他对中介的职员说他再考虑考虑。他看的这套房子的房主还在里面住着，于是李先生自己找到了房主，谈了买房的具体事宜，甩掉了中介公司，直接进行了房产交易。

后来中介公司再找李先生，他先说再想想，后来又说买过房子了。中介的职员觉得不对劲，后来经过调查才发现，那套房子的户主已经是李先生了。中介的职员就找到李先生要求他支付佣金，而李先生却说这笔交易跟中介无关。

协商无果后，中介公司将李先生告上了法庭，法院认为李先生利用了中介公司提供的房源信息，抛开中介私下与房主完成交易，法院最终判决李先生向中介公司支付成交价百分之一的中介费。

诚实守信，是一个人的基本道德。在合作中，人与人之间更要讲究诚实守信，只有互信，才能实现合作共赢，才能促进社会的和谐发展。

第一节　诚实守信是合作之本

诚实守信是做人的根本原则，也是合作的基础与前提。人与人之间的合作，必须以诚实守信为基础。诚实守信的人，才能得到他人的信任，才能在合作中掌握主动权。言而无信的人，是无法得到他人的信任，无法得到合作伙伴的真诚相待的。离开诚信的合作是虚无缥缈的，这样的合作不可能长久。

如果大家都能做到诚实守信，那么人与人之间的交往和合作就可以简单得多，顺畅得多。如果大家都能做到用心工作，用心经营，而不是把大部分精力放到钩心斗角、尔虞我诈上，那么一切困难就都可以迎刃而解了。

1. 诚实守信是做人之本

诚实守信是我们中华民族的一种传统美德。“言必信，行必果”，“一诺千金”，“一言既出，驷马难追”……在中华民族的文明历史中，每个时期都不乏此类关于诚实守信的语句，这些都形象地说明了我们对诚实守信这一美德的赞扬与称颂。

诚实守信、说话算话是为人处世的根本。一个人想要在社会上有所作为，诚实守信是必须具备的最基本的素质。一个满嘴谎言、搪塞应付他人的人是不可能得到他人尊重，更不可能干出什么大事业的。

不管你身在何处，身处什么位置，都必须做到诚实守信。这样你才能得到他人的友好与赞扬，才会有好的人缘，才能在社会上立足，才会有好的发展空间，否则，一切都将是空谈。一个不讲诚信的人是注定被人唾弃，被人拉入黑名单的。

我国很久以来就有很多关于诚实守信的故事流传至今，例如曾子教子的故事。曾子的老婆去市集，孩子哭闹着非要跟去，他老婆就答应回来后给他杀猪吃肉。结果回来后，孩子闹着让杀猪，曾子的老婆却说她只是跟孩子开玩笑的。曾子就说，答应了孩子就要做到，不能跟孩子乱开玩笑，不然孩子跟着大人学说谎，就不会知道什么是诚实了。于是曾子就把猪给杀了。他用自己的实际行动为孩子树立了诚实守信的榜样，让孩子学会说话算话，不能食言。

相反，如果父母不讲诚信，那么孩子也会跟着不学好，就很难有好的未来。

一个小孩从小就在他妈妈的教唆下经常撒谎骗人，喜欢占别人便宜。一次，父亲捕鱼回来，他妈妈发现家里没油了，就让他拿着棉花偷偷去油坊的缸里蘸油，孩子就照着妈妈教的方法偷回来一大碗油，然后妈妈还夸他真厉害，有本事。那天，他们一家人吃到了可口的炸鱼。类似这样的事情他干了很多，之后他的胆子就越来越大，开始坑蒙拐骗，甚至杀人放火，最后，他被判了死刑。临行前他对妈妈说：“都是你害了我。”他把妈妈的耳朵给咬掉了。

诚实守信是对我们自身行为的一种约束，就像信仰一样，有了自己愿意去信服和遵守的东西，那么这个人就会守住自己心灵的原则，不会胡作非为，也会因为自己的坚守赢得很多东西，比如做人的尊严、他人的尊重，甚至会赢得成功的人生。

一个人做事，一定要坚守诚实守信的原则，如果言而无信，那么他个人或者他代表的团队就不会得到他人的信任，无法与他人进行往来，更别提商业上的合作了。

诚实守信是一种传统美德，也是一个人立足于社会必须要遵守的职业道德。一个诚实的人不会说谎，不会欺骗，更不会歪曲、篡改事情的本来面目，他光明磊落、真心实意，他反对弄虚作假、满嘴胡言、口是心非的行为。这种人一般都忠厚老实、直来直去，他们有时也会因为认知的问题而犯错误，但是他们的错误是可以被原谅的，这些错误是客观上的，而不诚实的人是完全由于主观品质问题而犯错，他们的性质是完全不同的。

2. 诚实守信是立业之本

一个人要想有一番作为，必须恪守诚实守信的原则。一个企业，要想做大做强，诚实守信是立业的根本，没有诚信的企业，就没有发展可言。

海尔集团就是因为“诚信”二字才将海尔从一个名不见经传的小厂发

展为世界级的集团。一天，厂长张瑞敏的朋友来到海尔的厂里，他想买一台冰箱，但是挑了半天，竟然发现有很多台都多多少少有点问题，最后他碍于面子勉强买走了一台。于是，张瑞敏命人把仓库里所有的冰箱都仔细检查了一遍，结果发现400多台冰箱里有76台都存在毛病。他把所有职工都叫过来，跟他们说："这些有问题的冰箱全部都要砸掉，如果这76台冰箱被卖到市场上去，明天你们就会再生产出760台有问题的冰箱。"说完他自己抡起锤子亲手砸了下去。职工们都含着泪跟着砸掉了冰箱。海尔的产品现在已经远销160多个国家和地区，他们还把厂区办到了美国，在全球获得了越来越高的赞誉。

安徽阜阳市场上曾经出现过一批劣质婴儿奶粉，结果这种奶粉造成婴儿浮肿、低烧等病症，甚至使13个婴儿死亡，六七十个婴儿残疾。本来应该促使婴儿茁壮成长的奶粉，却成了害死婴儿的刽子手。事发之后，全市189户劣质奶粉经销商被立案调查，该品牌的奶粉被依法取缔。

以上的两个例子，由于不同的行为造成了不同的结果，一个因为诚实守信得到了长足的发展，一个却因为坑蒙拐骗害人害己，最终自食恶果。

我国当前社会上不诚实不守信的行为还存在着，很多企业不诚信经营，只顾眼前利益。之所以会出现这种现象，原因就是这些企业太追求眼前利益，而不重视长远的诚信行为，所以他们很难发展壮大。

而像肯德基、麦当劳之类的快餐店里，大家从来不需要去讲价，也不担心被坑，因为他们商品的价格是透明的。所以这种洋快餐可以做到全球连锁，而我们的很多小吃只能是路边小摊。

诚实守信是一个人的立人之本，也是一个企业的立业之本。一个企业是否能发展壮大，诚实守信是一个非常重要的条件。

3. 诚实守信是合作之本

诚实守信是一个人、一个企业必须遵守的一种道德，也是人与人、企业与企业之间相互交往、合作所必须具备的基本素质。否则，一切合作都将成为空谈。

人与人之间在最初交往、合作之时，内心难免会有一些担心、戒备和不信任等，担心自己吃亏，担心自己的真心换来别人的欺骗或敷衍，担心别人没有诚意，不会全身心投入……这就需要双方之间的相互磨合。路遥知马力，日久见人心。相处时间久了，就会了解彼此是什么样的人，什么样的企业。而在相互交往、磨合的过程中，彼此最应该做的就是诚实守信，以自己最真诚的一面来让对方感受到自己的诚意，这样才能为日后的友好合作奠定基础。如果合作者之间都能做到一心一意、尽心尽力地为合作发展而努力，相互之间能够做到诚实守信、互相信任、宽容迁就的话，那么一切难题都将不是问题，要想将事业做大做强也是指日可待的。

如果做人不能真诚相待，以坑蒙拐骗为生，那么人生就毫无意义。企业也是如此，实实在在做人，踏踏实实做事，以诚信为先，在经营、服务质量等方面都有保障，这样事业才能越做越强，合作者也才能信得过你。

“人无信不立”，诚信是中华民族的传统美德，自古以来，人们的所有活动都离不开诚信二字，自古也有很多关于诚实守信的故事。

战国时期的商鞅，在变法前为了树立威信，下令在南城门外立了一根木头，并承诺将木头搬到北门者，得赏金10金。没有人相信做这么简单的事情就可以得到那么多钱，于是没人去搬。商鞅就把赏金提升到50金，一名男子抱着试一试的态度，把木头搬到了北门，商鞅就立刻给了他50金。这一举动，让人们相信他是个诚实守信的人，于是商鞅变法的时候就获得了人们的信任与支持。

而周幽王就因为不诚信而得到了恶果。因为他的爱妃不喜欢笑，周幽王为了博得自己爱妃一笑，便多次故意点燃烽火，诸侯的军队以为外敌来犯，慌慌张张赶来时，却发现是受骗被戏弄。后来真有外敌来犯时，周幽王再命人点燃烽火，已经没人再相信他了，没人来救，幽王被杀。这就是著名的“烽火戏诸侯”事件。

可见，没有了诚信，就很难得到他人的信任，没有信任，就不会得到帮助，更别提合作之说。互不信任，相互猜忌，不顾长远发展，怎么能把事业做好呢？

因此，我们需要大力呼吁人们坚守诚信，塑造诚实守信的灵魂和人格魅力，让诚信之花开遍社会的每一个角落，这样才能促进人与人之间的友好交往与合作，建立起诚实可靠的企业品牌，发展整个社会文明，促进社会的进步与和谐。

第二节　互信是人与人交往的关键

互信是两个人、两个集体、两个国家等之间的相互信任。这种互信决定了人与人之间相处的和谐程度，是否能和平好友地相处，是君子之交淡如水还是相濡以沫互帮互助。

1. 信任是人与人之间的桥梁

人与人之间的感觉有时候很奇妙，有的人见一面你就会觉得似曾相识，甚至会有相见恨晚的感觉，但是有的人即使相处时间再久，也不会找到彼此间的默契，这就是所谓的人与人之间的缘分吧。

这其中起到最关键作用的就是信任。信任是人与人心灵沟通的桥梁，是人与人交往的纽带，是联系感情最基本的条件。信任对于家人、朋友、爱人、同事、合作伙伴等所有的人际关系都很重要。人与人之间的和谐，全都是建立在信任的基础之上的。没有了信任，大家就只会互相怀疑、互相指责，做什么事情都不会信任任何人，这样我们活着就会很累。我们需要信任来帮我们得到朋友，帮我们做到团结友爱，帮我们开开心心地生活，帮我们努力活好每一天。

我们需要信任他人、信任自己，也需要得到他人的信任。只要人人都多出一分信任，世界将变成美好的人间。

“人之初，性本善。”人们生来本性都是无私的，但是随着生命的成长，生活的历练，生存和发展的需求等，给人们带来了欲望和自我。所以，在生存和发展的过程中，要想与周围的人建立起信任关系，其实并不是一件容易的事。我们需要信任，但是信任与自我、自私的矛盾及冲突是很难磨合的，我们需要用心、用真诚、用实际行动来赢得身边人的信任与拥护。

信任的建立取决于感情的深浅和利益的多少。我们不可能仅凭一时的情感去信任一个人，这样的信任往往是意气用事，不一定会得到好的结果。我们也不可能仅凭利益去信任别人，这样的信任是自私的，最后换来的也只能是猜疑和背弃。只有情感和利益需求同时达到了一定程度，才会产生相互的信任。

而一旦条件达成，我们就要毫不犹豫地去信任这个人了。如果我们迟迟不敢去真的相信一个该信任的人，那么我们就很难得到别人的信任，也更难得到由于信任而带来的快乐幸福以及成就感，你会觉得生活了无生趣，你的世界黯然无光。因为只有在信任与被信任的世界里，我们才能真正感受到人间的温暖，感受到自己活着的实际价值。人与人之间没有相互信任，没有互帮互助，没有团结友爱，就不会有真的感情，就不会得到真正的快乐。

人与人之间的交往需要信任，尤其是商业合作方面的信任，因为商业上的合作牵涉更多的利益纠纷，如果没有信任的建立，那么他们的合作所带来的就只会是无穷尽的猜忌、怀疑、不信任、怕吃亏等问题，而无法把精力全身心地投入经营上去，那么成功离他们就会越来越远，所谓的宏伟目标也是很难实现的。

与客户之间，我们更需要建立信任。我们跟家人朋友相处，很多时候也需要信任的建立，更何况是陌生人之间，而且，我们与客户之间还是有利益往来的。

你在平时的工作中，也许会遇到形形色色的客户，这些客户有的是经朋友介绍的，有的是完全陌生的。经人介绍的要建立信任感还相对容易一些，但仍不是直接的朋友，难度还是有的，而完全陌生的客户就更加难以建立信任。这时我们就需要从我们的专业度、人性化、情感、真诚等各个角度去与客户建立起信任感。只有他们真正信任你了，下面的合作才能很好地进行下去。

比如，在逛街的时候，有的店你去一次就再也不想去第二次了，而对于有的店，你却成了常客。为什么呢？除了产品质量的好坏，你的感觉也很重要。有的店的装饰、陈列、服务员的服务等方面让你怎么看都不舒服，更别提信任了。而有的店你一进去就会觉得很舒服，尤其是店员的服务态度、和你交谈的方式、情感沟通等方面，让你从内心深处产生了信任，这样的店你就会经常去。

而像这些在店里做销售的店员们，很多人都认为他们就是靠嘴皮子忽悠人的，但是，不是所有会忽悠的人都能做好销售，这种工作需要与客户进行真诚的沟通，只有真正为顾客着想，从顾客角度出发的人才能真正获得顾客的认可，才能把销售的工作做好。

所以，在合作中，与合作者之间、与顾客之间、与上下级之间、与同行之间等，都需要建立起信任，这是一切合作的基础。

2. 互信是社会和谐的关键

大千世界中，什么类型的人都有，你不可能做到让每个人都喜欢你。有的人，你对他好，他不一定对你好。也有的人，千方百计讨好你，但是你就是不喜欢他。你信任的人不一定信任你，信任你的人你也不一定会信任他。所以，人与人之间的相互信任有时候是很难做到的，更何况还有很多自私自利、唯利是图的人存在。但是，我们还是要相信，互信是普遍存在的。

什么是互信？互信是人与人之间情感的最直接纽带，是所有感情维系的基础条件。在多数人心中，生活还是美好的，我们坚信，世上还是好人多，正义和正直的人还是存在的。

我们首先要做到自己心中那份“信”，互信是人与人交往的基础，也是社会和谐的基础。如果丧失了互信，这个社会不知道会变成什么样子，我们和谐的社会关系就会受到严重影响。和谐社会的构建，需要每一个社会成员共同努力，大家需要建立高度的互信，才能保证社会主义建设的稳定性，才能保证我们的国泰民安，才能保证每个社会成员的安全感与幸福感。

“信”和“孝、悌、忠、礼、义、廉、耻”共同构成了我国古代的“八德”，是影响人们行为作风的重要因素。自古以来，“信”在我们的社会生活中起着至关重要的作用，是我们的行为道德之一，也是构建和谐社会的重要基础。

由于现在社会中很多人与人之间互信的缺失，导致人际关系和社会关系越来越不和谐，甚至造成很多社会悲剧的发生。

建立互信的最基本条件，就是要我们每个人都从自我做起，学会做人，学会信任他人，也学会用自己的信誉去赢得他人的信任。首先，我们要学会文明做人，我们的文明行为会约束自己，也会影响他人，让身边的人感受到自己的文明，从而形成一种仿效行为。只要大家都做到文明对人，就会给社会带来很多和谐因素，我们的社会就会变得温暖起来，大家会觉得处处充满爱心，充满和谐。有时候，你不经意的一个微笑，一句问候，一个小小的帮助，就会给他人带去内心的触动，让人如沐春风。触动心灵的小小举动，有时候甚至就可以给一个人带来本质的改变。

互信的建立，不是一朝一夕的，这需要广大社会成员的共同努力，也离不开政府的积极呼吁。政府也需要做到与百姓之间建立互信，做到信息公开、政务透明等，充分尊重民众的知情权、话语权、参与权等权利，努力与百姓之间建立互信的桥梁。

总之，互信是建立和谐社会的关键，而互信的建立，需要全体社会成员团结一致，献出自己的一分信任、一分热情、一分关爱，共同建立起我们的互信社会，提高社会的和谐度，提高我们的幸福感。

第三节 互信是友好合作的基础

在最初寻找合作伙伴的时候，我们都会慎之又慎，认真地考察合作伙伴的人品、能力、资源等方面的条件，而这一切的考察都是为了能够找到一个值得我们信任的合作伙伴。而一旦决定合作，就必须充分信任你的合作伙伴，要不然，接下来的合作就无法进行下去。当然，你的合作伙伴也会考察你，然后选择是否与你合作，最终选择放弃你或者信任你。这就说明，互信是友好合作的前提与基础。

1. 信任是合作的前提

信任就是对他人经过一番细密的考察之后，最终对其表示肯定与认可。能够得到他人的信任，你会感到信心十足，做什么都充满力量。人们越是被信任，就会越有自信和成就感，人际关系也就越来越好，事业越做越强。

我们在生活和工作中总是希望得到他人的信任，这是与人交往的重要课题，也是实现自己人生价值的最基本条件。一个人如果拥有很高的信任度，他就会受到周围人的喜爱和尊重。他的存在，会给身边的人带来安全感和依赖感，会有很多人找他合作，他自己也会感到有成就感和满足感。而一个没有信任度的人肯定是孤独的，因为他很难找到真心对他好的人。得不到别人的信任，他就不会有好的人际关系，不会有真挚的友情，更不会有人真心与他合作，他不会有很好的事业发展。这样的人只会感到深深的孤独感和无助感。

互信是友好合作的基础。我们总是希望得到他人的理解和信任，尤其是青年时期，这种需求更为迫切。但是我们不仅要努力赢得他人的信任，也要学会去信任他人。相互信任才能得到真正友好的合作，也才能达到很好的合作效果。

信任是一种很奇妙的心理需求，他是每个人尤其是合作双方都非常希望拥有的。信任可以给人强大的力量，从而爆发出惊人的能量，创造出意想不到的结果，有时也会完全改变事情原本的发展方向。

但是信任的建立是一个非常艰难的过程，完全信任一个人，你或许仍会得到失望的结果，但是要相信信任的能量，它往往会给我们带来千万倍的希望。让我们来看看下面这位母亲是如何一步步将自己不成器的儿子推向成功的吧。

幼儿园家长会上，老师对妈妈说："你儿子在板凳上都坐不了3分钟，有严重的多动症。"儿子问妈妈，老师都说什么了。妈妈告诉他："老师说你进步了，原来一分钟都坐不了，现在都能坐上3分钟了，这就是进步了。"

小学的家长会上，老师对妈妈说："你儿子数学考试成绩倒数第一，我怀疑他智力上有障碍。”妈妈流过泪之后，平静地对儿子说：“老师说你并不是一个笨小孩，只要你能细心一点，一定能超过别人。”

经过妈妈的多次鼓励，儿子慢慢变得温顺、坚强，也一点点变得自信强大起来。高中毕业后，妈妈相信儿子一定能被一所大学录取。果然，当儿子把大学的录取通知书交到妈妈手里时，她一下泪流满面……

这沉甸甸的通知书里，包含了妈妈多少辛酸苦泪啊！正是由于这位母亲对儿子的这份信任，让儿子从最初那个让人瞧不起的差等生，一点点变成最后的高才生。正是这份信任，让儿子得到了自信，得到了希望，得到了强大的动力，让他相信自己一定会不断进步，一定不会辜负妈妈的信任。

在合作中也是这样，只有得到他人的信任，我们才有力量继续往前走，才能将自己的能量一点点发挥出来，最终取得决定性的胜利。

2. 有互信才有合作

“用人不疑，疑人不用”。合作，首先要做到的就是互信。信任是合作的基础，要合作就要从相互信任开始。有了互信，才能有合作。

一个团队成员之间如果不能做到相互信任，那么这个团队就没有任何凝聚力和战斗力可言。失去了信任，就没有团结可言，没有忠诚可言，任何管理也就成了空谈。

如果合作者之间没有互信，那么他们之间的合作只会以失败告终；如果领导不相信员工，就会造成巨大的管理和人员成本浪费；如果员工不相信领导，那就谈不上什么效忠，什么尽职尽责。这样的团队是不会有未来的。

信任你的团队，信任你的合作者，信任你的员工，信任你的客户，这是友好合作的第一步，你必须要做到。

战国时六国之所以被秦国所灭，就是因为六国之间不团结，没有做到相互信任，友好合作，所以被秦国一一歼灭。如果六国之间能做到充分信任，彼此团结合作，那么六国合体的力量，又岂是秦国可以轻易打败的？正是由于他们之间的不信任，才导致了六国的灭亡。这就有了苏洵《六国论》中所写的："灭六国者六国也，而非秦也。"

所以说，没有相互的信任，就没有团结合作可言。如果决定合作，就要完全信任对方，只有完全的互信，才能真正达到合作的目的。所谓合作，就是要达到一加一远远大于二的效果，不然，就算合作也还是相当于单打独斗，没有任何意义。

要想达到合作效果的最大化，就要将每个团队成员的状态都发挥到最佳，而这一切都要以相互信任为前提。只有大家都得到了充分的信任，才能达成最佳的合作氛围，在好的合作氛围下才能创造最好的劳动成果。

如果合作之后没有达到预期的效果，甚至造成整体绩效反而降低了，合作方的能力都没有得到充分发挥，反而受到限制的话，那么就该反思是什么问题造成的，是不是大家没有达成相互信任。这时候就需要大家坐下来好好沟通，冷静地分析原因，找到问题所在，及时解决问题，否则，接下去的合作依然不会有任何意义和价值。

在团队的合作中，怎样才能创造更高的效益，达到更好的合作效果？

这是一个很值得我们深思的问题。当我们要进行人力整合、资源整合的时候，就是想通过合作来达到最大程度的效益，否则，我们的合作就失去了意义。而要想达到更大的合作效果，每个团队成员就要及时与他人沟通，做到认真倾听和虚心接受他人的意见，不能以自我为中心，偏听偏信，一意孤行。更不能取得一点成绩就居功自傲，忽略他人，这样很容易引起他人的反感，不利于合作团队的和谐，也会因此失去他人的信任，从而降低团队的合作效率。

只有所有的团队成员都能做到坦诚相待，相互信任，彼此积极主动地承担工作压力，甚至不惜为了团体利益而牺牲自我利益，这样的合作才是真正意义上的合作，这样的团队才是攻无不克的，这样的团队所产生的正能量是非常大的，也只有这样，才能达到最大程度的合作效果，达到最终的合作目的，完成一个又一个集体目标。

东汉末年，诸葛亮被刘备三顾茅庐的信任所感动，答应出山辅佐刘备。之后诸葛亮为刘备鞠躬尽瘁，因为刘备的信任，他付出了自己所有的能量，帮助刘备建立蜀国，三分天下。这就是互信的力量。由于相互的足够信任，他们的合作所产生的效果是远远大于二人能量简单相加的，这才是合作的最佳效果。

总之，能力再强的个人或团体，如果相互之间没有达成足够的信任，就不可能达到好的合作效果。既然是合作，就要将整合的力量无限放大，不能局限合作单方的能力，这样的合作是失败的，是不能达成合作目的的。一定要做到所有成员之间的相互信任，才能达到一加一远大于二的效果，这样的合作才是行之有效的。

第四节 合作共赢必须打好互信基础

互信是合作的基础，更是互利共赢的基础。互信才能互利，互利才能共赢。所以，要想达到合作共赢，必须打好互信基础。没有互信，就谈不上互利共赢。

“信”字，分解来讲，就是一个“人”和一个“言”，它可以理解为两种意思：一是人言为信，一个人所说出来的话一定要真实，不能撒谎，就是要诚实守信；二是一个人的话要值得人们相信，要取得人们的信任。这两种含义结合起来就是互信。

在当今社会，个人与个人之间需要互信，个人与团体之间需要互信，集体与集体之间需要互信，任何独立的个人或团体之间都需要互信，互信二字显得极其重要。

互信是合作的基础，只有做到互信，才能达到互利共赢。假如团队成员之间彼此都不信任对方，那么在关键时候一定会出现有人拆台的情况。因为不信任对方，所以就会怀疑对方会不会只顾自己利益而不管自己的死活，自己会不会被对方骗。而一旦有了这种心思出现，一方就会用尽心思防着另一方，一定会留着心眼预防自己吃亏上当，这样的话就大大增加了双方合作的成本，而一旦有一方出现任何不讲诚信的行为，双方的合作就会终止，合作的目标也会夭折，双方都会承担极大的物质、时间、精神等方面的损失，更不可能有什么互利可言。

一个人再有能力，也不可能一直单打独斗，所以合作是当今社会的一大主题，而互信则是合作的基础和前提，人们通过合作，最终达到互惠互利，共进共赢。但是这一切的前提都是要做好互信工作，要想互利共赢就必须打好互信基础。

1. 团队合作共赢需要打好互信基础

草原上有两头狮子，它们经常一起合作出去捕捉猎物。一天，它们像往常一样一同出发去打猎。一会儿，狮子A看到山坡上有只正在吃草的小鹿，就想立马扑上去，而狮子B拦住它说："鹿跑得快，你自己不一定能抓住它，我们最好前后夹击它，这样胜算大。"狮子A听了觉得挺有道理，于是就听从了B的建议，它们分头行动。

小鹿正专心致志地吃着草，一点都没发觉危险的靠近。狮子A匍匐着，慢慢挪动身体向小鹿靠近，但是就在它快要靠近小鹿准备发起进攻时，小鹿听到响声撒腿就跑，狮子A穷追不舍，但是一直不能得手。这时狮子B从另一头冲了出来，挡住了小鹿。

两头狮子的合作可谓天衣无缝，它们很顺利地抓到了小鹿。但是在分食猎物的时候，两头狮子争吵了起来。狮子A说："小鹿是我发现的，我的功劳最大，应该多分。"狮子B说："你发现的怎么了，要不是我的计谋，你自己能抓住它吗？"A："是我把它追到你那里，你才抓到的，我追了半天，你就动了一下。”两头狮子谁也不服气谁，吵着吵着便打起来了。而这时被撞晕的小鹿醒了过来，它发现两头狮子正在打架，就趁机爬起来跑掉了。

这两头狮子在通力的团结合作下顺利地抓捕到了猎物，但是在瓜分劳动成果的时候，由于它们都分别居功自傲，自我表现，谁也不信任谁，谁也不肯吃亏，结果却是谁也没有得到任何利益。明明可以达到共赢的结果，却因为钩心斗角、互不信任，结果造成双双落空。而这两头狮子估计以后再也合作不下去了。

团队合作，就需要首先做到互相信任，如果团队成员连起码的信任都没有，有了一点成绩都开始各自争功，唯利是图，那么这样的合作一定不会长久，更不用提互利共赢了。一个成功的团队，一定是一个高度互信的团队，只有互信，才能最终达到共赢。

2. 与客户的合作共赢要打好互信基础

团队内部的合作需要互信，与顾客之间的合作同样需要互信，不然就会纠纷不断。甲方出了钱，就要得到很好的产品或服务；乙方收了钱，就要做好自己分内的事情。但是，双方之间往往很难做到互信互利。双方既然选择了对方，就应该做到充分信任，否则就会矛盾重重。

比如小区物业与业主之间。经常有业主反映，小区物业不负责任，收费高得要命，设施坏了却没人修。而另一边物业公司也苦恼业主拒交物业费，很多工作也不配合，等等。其实业主和物业之间也需要建立互信，这样才能达到共赢。

对小区业主来说，他们需要的是生活服务，但是既然选择了这个物业公司，就应该给予充分的信任，不能动不动就恶言相向，可以提意见，但是不能动辄就拿不交物业费来威胁对方。而对物业公司来说，提供服务是他们的职责，他们需要对小区进行全方位的管理与服务，这是一种市场行为，为此收取一定的费用也是正常合理的，但是要记住，这种收费必须是要建立在周到的服务质量上，如果只收费不服务或者服务不周到，那么就不能怪业主拒交物业费了。

要想建立一个和谐温馨的小区，就必须要破除物业和业主之间的尴尬矛盾，而做到这一点的关键就是要建立业主和物业之间彼此的信任，如果做不到这一点，这个小区就会不得安宁。只有建立起互信，双方才能各取所需，达到共赢。

3. 从事商业活动也要打好互信基础

在商业活动中，一定要讲究诚信，做到互信互利，这样的事业才能做得长久。

如果在商业活动中，将损失他人的利益作为自己获利的方式，那么这样的商业模式就注定不会长久。比如小商贩的缺斤少两，坑蒙顾客；比如有些旅游景点在节假日期间坐地起价，欺骗游客获得暴利的行为；再比如商品市场上一些商家的宰客行为等。这些商业行为都是唯利是图的表现，他们只顾眼前利益，甚至不惜做一些“一锤子买卖”，哪怕顾客从此不再登门。但是这种获利方式是不可能长久的，商家想要立足，想要长久经营，就必须要立“信”，用自己的信誉来赢得顾客的心，有了更多回头客，哪怕薄利多销，这样日积月累，生意肯定会越做越大的，这样的商业模式才能长久，商人也才能长久获利，在残酷的竞争中立于不败之地。

商业活动其实也是合作的一种，它需要买卖双方都能获利，这样才能做到互利共赢，才能做得经久不衰，这就需要打好互信基础，“信”字当头，才能有持久的生命力。

总而言之，诚信在任何合作中，都是极其重要的。一个人、一个团队、一个国家，要想做大做强，走得更远，就必须做到诚实守信，必须建立互信，以诚待人，以信服人。

第五节 如何建立互信

前面章节讲了很多互信的重要性，每个人都在内心里非常希望得到别人的信任，这是一种很正常的心理需求，我们都希望自己是个值得信任、值得依赖的人，希望给身边的人带来安全感，带来踏实感。

那么，我们要怎样跟别人建立互信，怎样提高自己的可信度呢？

1. 在与他人的交往中如何建立互信

（1）第一印象很关键。和别人第一次见面，第一次打招呼，第一次微笑，说的第一句话，办的第一件事，都会在对方心里留下印象，这就是别人对你的第一印象。一定要注重第一次交往时给人留下的印象。有的人因为对你第一印象不好，很有可能就从此放弃了与你的交往，而你再想弥补，就会需要花费很多时间和精力。一定要在第一次见面时就尽量给他人留下好的印象，这样接下来的相处就会容易得多，也才有机会建立彼此的互信。

（2）要做到诚实守信，不要说谎，不要食言。诚实守信是建立信任的第一步，你要做到让别人信任，首先自己要说到做到，再小的事情也要坚持到底，不能食言，不能放弃。你平时给人的印象再好，如果你有一次说谎让人发现了，之前所建立的所有信任就会全部崩塌。有时候，我们会为了自己的爱人、父母、朋友等而去说一些所谓“善意的谎言”，我们的本意是善良的，是出于好意，但是有时候如果实话实说，虽然会让人一时难以接受，但是结果也未必会有想象的那么糟，而且，他们迟早会知道真相，你也会因此而得到更多信任。

(3) 不做作，做真实的自己。在我们的身边，或多或少会有一些这样的人存在，他们说话直来直去，性格爽朗，也许有时候说话会让人不舒服，但是时间长了，彼此了解了，他们就会被人理解，人们也愿意去跟他们交朋友。那是因为他们活得真实，不做作，不虚伪。我们要在认真做好自己的同时，真诚地对待他人，让他人真正感受到真实的我们，而不是靠虚伪做作、阿谀奉承之类的话来讨好别人。这样的人可以让别人感受到他的真实，增强对他的信任感。

(4) 不夸海口，重视对人的承诺。如果是自己做不到或者有难度的事情，就不要轻易许诺别人，或者不要答应得太痛快，这样如果自己到时候没有做到，就会给人留下不好的印象，觉得你这人眼高手低，说得好听，实际上却敷衍了事。一旦答应了别人，就要想尽办法努力去实现你的承诺，不要失信于人。如果真的遇到什么意外情况，就一定要向对方解释清楚，不能敷衍他人。

(5) 要学会保守他人的秘密。要管好自己的嘴，不要随便搬弄是非，更不要泄露别人的秘密。如果别人跟你说了一个消息，你立刻就转身告诉别人，这样就会让人觉得你这人不可信，会让人有背叛的感觉，他以后也就不会再跟你分享任何秘密了。

(6) 如果你有不可言说的秘密，就直接告诉大家你不想说。每个人都有自己的隐私，都会有说不出口的秘密，这是很正常的，没必要为了争取别人信任就把自己的隐私都说出来，但是，你要直白地告诉大家，这是你的隐私，你不想说，抱歉。这样既可以保守自己的隐私，也可以得到大家的信任与尊重，只是，这样的隐私不要太多，否则就会让人感觉你不信任他。

2. 上下级如何建立互信

在职场中，我们都会面临一个很现实的问题，那就是上级和下级的关系如何处理。一般情况下，上下级之间肯定会有隔阂的，不可能像一般同事在一起时那样轻松，也不可能像跟朋友一样无话不谈。但是，上下级之间也需要建立互信，这样才能更好地工作，更好地进行团队协作。下级需要充分了解领导，知道这个领导是否值得自己跟随，是否值得自己毫无保留地付出。而上级当然也需要了解到自己员工的品行、工作能力、工作态度等方面。这就需要上下级之间关系的巧妙处理。那么上下级该如何建立互信呢?

(1) 沟通与交流是很好的建立互信的方式。上下级之间需要经常进行沟通交流，这样既可以很好地了解工作的现状，便于及时解决问题，也可以拉近上下级之间的距离。沟通得越多，了解得就越多，情感上就会慢慢拉近，信任感就可以慢慢建立起来。

(2) 信息共享。上下级之间建立信任的一个最好方法就是做到分享信息。上级和下级之间经常分享一些彼此所知道的信息，尤其是一些机密的、敏感的话题类信息，这样就会让彼此觉得大家都没有秘密，可以彼此信任。

(3) 遇到问题共同解决。工作中遇到任何问题，都要大家一起来面对，可以摊开来直接研究解决，大家一起想办法，一起表决意见，而不是直接追究责任，惩罚某某，或者上级直接决定处理办法，这样会让下属觉得领导独断专权，不体恤下属，不信任员工。

(4) 勇于承认错误，承担责任。我们不提倡过多追究责任的行为，但是不表示犯了错误就可以当作什么都没有发生，大家一起解决就行了。不论上级还是下级，犯了错误都要勇于承认，并勇敢承担自己的责任，而不是相互推诿，相互掩盖错误，这样不但会让人瞧不起，也会破坏团队之间的和谐，更没有信任可言了。

(5) 表里如一。职场上最忌讳的就是当面一套，背后一套。当面阿谀奉承、笑脸相迎，转脸就恶言相向，背后捅刀子。这样的人只会破坏团队的合作，不会起到任何好作用。一定要做到言行一致，表里如一。无论上级还是下级，如果言行不一致，就不可能得到别人的信任。

总之，上下级之间一定要开诚布公，把信任充分给予对方，上行下效，努力建设一个互信高效的团队，这样的团队才可以做到无往不胜。

3. 与客户如何建立互信

很多人都意识不到与客户之间也需要建立互信，或者不知道怎样与客户建立互信关系，只知道盲目地推销自己的产品或服务，殊不知，与客户建立了互信之后再卖你的产品或服务就会事半功倍，甚至可以带来很多回头客。

那么，我们该怎样与客户建立互信呢？

(1) 首先要有与客户建立互信的意识，要从客户的角度出发，真正做到替客户着想，发掘客户的真正需求，从而认真地为顾客解决问题。让客户感受到你的诚意，感受到你对他的关心，而不是让他觉得你只是在卖你的东西，只是在想办法让他掏钱。在没有与客户建立起互信之前，不要急于介绍产品，在没有明确产品对客户的价值所在时，不要讨论产品的价格。很多销售人员一开口就急于夸自己的产品有多好，根本不了解客户是否真的有这方面需求，就算真的有需求，也会被你“王婆卖瓜”式的销售拉开距离。

(2) 要想让客户信任你，你一定要做到专业。客户只会相信你的专业，如果你对自己的产品都不了解，解说得自相矛盾，那么客户是不会相信你的。要做到对自己的产品十分了解，从产品制作、工艺、性能等，到附加价值、价格、发展趋势等方面，都要做到对答如流，这样客户才能信任你，才能信任你的产品，他会相信买了你的产品就是买了保障，即使出现问题你也可以帮他解决。

(3) 说话直截了当，不拖泥带水。跟客户讲解时，一定要表意明确，不要含糊其辞。能承诺的就承诺，做不到就直接说做不到，不要敷衍，也不要欺骗客户。这样才能做到诚实守信，也更容易得到客户的信任。

(4) 寻找与客户之间的共鸣。跟客户聊天，挖掘顾客的兴趣爱好，找到与自己的相同点，共同的爱好往往是拉近距离的纽带，找到与客户之间能够产生共鸣的东西，这样就便于你们更好地沟通交流，也更容易在情感上拉近距离，建立起彼此间的互信。人们都喜欢跟自己有共同语言的人交谈，这是一个很好的切入点。

(5) 不要不懂装懂。人无完人，你懂得再多也不可能没有一点欠缺的地方，一些客户在某些方面可能比我们懂得更多更深入，所以在和客户交谈到自己不太了解的领域时，就要虚心向客户学习，或者直接说自己这方面了解得不多，不要不懂装懂，这样一旦被客户发现，你就会很心虚很尴尬，也会影响到顾客对你的信任感。

综上所述，想在社会上立足，与他人相处与合作，都需要建立互信，不管是与家人、朋友、爱人，还是与同事、领导、客户之间，都需要建立互信，互信是一切社会活动的基础。努力与周围的人建立起互信，你的生活将会充满希望与阳光。

第三章　平等，合作的前提

我们认为下面这些真理是不言而喻的：人人生而平等，造物者赋予他们若干不可剥夺的权利，其中包括生命权、自由权和追求幸福的权利。

——《独立宣言》

对于一个有优越才能的人来说，懂得平等待人，是最伟大、最正直的品质。

——理查德·斯蒂尔

英国前首相布莱尔一次带着夫人来到法国西南部的一个小镇度假，但是小镇的人们并没有因为首相夫妇的到来而改变自己的生活，他们该干什么还干什么，跟平时的状态一模一样，每个人都悠闲自在。布莱尔很喜欢去酒吧，而镇上唯一的酒吧老板明知道首相要过来，却还是按照自己预定的计划关门出去休假了，只留下一张纸条：“欢迎布莱尔先生和太太。很抱歉，我们在度假，假期结束后我们会回来的。很抱歉！”虽然是首相到来，但是大家还跟平常一样，仿佛没怎么当回事，因为众生平等。每个人都可以活得自由而高贵，那就要学会平视权威，不巴结权贵，平等待人，对待任何人都要有平常心。

第一节 平等无处不在

有一个小女孩，从出生时开始，她就与别人不一样，斗鸡眼、塌鼻梁、罗圈腿、走路外八字，别人都劝她母亲把她扔了，善良的母亲做不到，她说："她是我的孩子，我相信她会有出息的。"

当女孩过完了无知的童年，高高兴兴地背着书包去上学时，她发现别人都用异样的眼光看她，老师也把她的座位安排在角落里不愿意搭理她。小女孩伤心地跑回家，说她再也不愿意上学了。妈妈安慰她说："不要在意别人的眼光，他人越是看不起我们，我们就越要证明自己，不能被别人看不起。"

小女孩在妈妈的陪伴下又来到了学校。当妈妈看到老师和同学们对女儿的眼光和态度，看到女儿自己低下头默默学习的样子，她心里难过极了。但是她告诉自己："会好起来的，我女儿一定会有出息的，她跟别人是一样的。"

六年的小学时光，小女孩在别人讽刺和鄙夷的眼光下度过了。毕业的时候，她以全校第一的成绩被重点中学录取了。她找到所有教过她的老师，问他们为什么从来都不正眼看她，从来不提问她，就因为她长得跟别人不一样吗？所有的老师都无言以对，惭愧地低下了头。她用粉笔在黑板上留下了“平等”两个字，从此离开了这个让她忍受了六年不平等待遇的学校。

人人都是平等的，没有高低之分，没有贵贱之别。人人都渴望被尊重，人人都有被尊重的权利。然而，现实生活中，却有很多这样不平等待人的例子。因为外貌长相、穿衣打扮、贫富差距、生理缺陷等而对人非议，给予不平等待遇的事件比比皆是。这样待人的行为是非常不道德的，我们要摒弃这样不道德的行为，不能以异样的眼光看待别人，要明白人人生而平等，不能轻易鄙视别人、讽刺别人、嘲讽别人、侮辱别人，要做到平等待人、尊重他人、礼貌待人。

1. 人生而平等

每个人生来都是平等的，没有高低贵贱之分，人人都应该享有相同的人格、平等的权利，不应该受到不应有的歧视，更不该被划分为三六九等。1956 年，淘粪工人时传祥作为全国劳动模范受到了刘少奇主席的亲切接见，刘少奇主席还说，清洁工和主席都是人民的勤务员，只是分工的不同而已，都是社会不可缺少的一分子。刘少奇主席的话告诉我们：不管从事什么行业，只是社会分工的不同，在人格上是不分高低贵贱的，人人都是平等的。这种平等待人的精神是值得我们所有人学习与发扬的，每个人都应该得到平等的尊重。平等待人、尊重他人，这才是正确的待人之道，而不应该划分等级，用世俗的眼光来对待他人。

在现实社会中，人与人之间难免存在各方面的差异，财富、地位、社会资源等不可能做到平均分配，因此人与人之间存在着很多表面上的差异，但是每个人在法律上和人格上都是独立而平等的，虽然人与人之间的差异不可能被消除，但是我们要用正确的态度来对待这种差异和不平等现象。要明白人生而平等的道理，用平等的眼光和态度来对待身边的人和事，尊重他人，平等待人，不以贫贱富贵论他人，不以地位高低谄媚或歧视他人，这才是正确的待人处事之道，我们都应该尽量做到，这样才能得到他人同样的尊重。

一次，托尔斯泰在一个火车站的三等车厢的候车室休息，忽然有人喊他："老头儿！老头儿！"一个妇女在车上透过窗户喊他："快去女洗手间帮我把手提包拿来，我落到那里了。"托尔斯泰跑到那里，帮她把包拿回来。那个妇女道谢之后递给他五个戈比的铜钱，说是给他的赏钱。托尔斯泰不紧不慢地接过装进了口袋。一位同行的旅客认出了托尔斯泰，就告诉那个妇人说："你知道你赏钱给谁了吗？他就是《战争与和平》的作者列夫·尼古拉耶维奇·托尔斯泰！"这位妇人惊叹道："天哪！我做了什么啊！请您把那钱还给我吧，实在不好意思，请您原谅！"托尔斯泰回答说："没什么的，您没有做错，这钱是我挣的，所以我收下了。"

在当时森严的等级社会里，只有上等人才有资格赏钱给下人。而身为大文豪、大名人的托尔斯泰，却把自己当成普通人，平静地接受了人家付给的酬劳。在他的意识里，一个人为他人做点事情，并收取一份酬劳，是天经地义的事情，与他的金钱、地位等无关。他的行为其实源自一种难能可贵的平等心态，大家都是平等的，不用身处高位而看不起别人，也不用因卑微的身份而自轻自贱，大家都要平等相待。

在社会交往中，我们会遇到形形色色的人，但是不管他人身份、地位、长相、财富等情况如何，我们都要真诚对待他人，真心尊重他人，不应该在内心划分等级，应做到平等友善、客观待人。平等是从古至今人类一直追求的美好愿景，虽然目前还做不到真正的完全平等，但是平等的观念正在日益普及，渐渐深入人心。只有我们都做到平等待人，发自内心地尊重他人，才能真正建立起平等、和谐的美好社会，我们的生活环境才会更美好，我们的精神世界才会更绚烂多姿。

所以说，人人生而平等，平等是每个人一出生就具有的，没有地位、尊卑、贵贱之分。我们不能自轻自贱，觉得低人一等，也不应该俯视他人，认为自己高人一等。我们都应该用平等的心态来对待自己和他人，这是我们应该具有的基本道德，也是促进社会发展的必备的基础。

2. 平等，社会进步的基础

平等是人与人之间的一种关系，人与人共处的一种相互态度，是人类的理想状态。平等是上帝赐予我们的礼物，是每一个人一出生就拥有的，每个人都应该享有平等的权利，而平等对待他人也同时是我们被赋予的责任。

飞机上，一位美国的白人妇女与一位黑人男士坐在一起，白人妇女一脸鄙夷，而黑人男士满脸微笑。白人妇女向服务人员大吵大闹要求换位置，说不愿意与黑人坐在一起。服务人员回来后说，现在只剩下头等舱还有一个空位置，经济舱全都满员了，而且她也争取到了机长的同意，说我们的乘客不应该受到这样不礼貌的待遇，接着服务人员转向那名黑人男士，邀请他前往头等舱就座。周边的乘客看到这一幕全都热烈地鼓起掌来。

种族歧视是一种很典型的不公平现象，因为皮肤颜色的不同而受到蔑视与不公待遇，这种现象是不正确的。

马丁·路德·金曾经发表演讲说："我梦想有一天，我的四个孩子将生活在一个不是以他们的肤色，而是以他们的品格优劣来评价他们的国度里。"

种族之间应该是平等的，每个种族都有自己的文化、人格与尊严，不应该因为种族的不同、肤色的特殊来给予歧视，每个种族都应该得到平等的待遇。白人妇女的行为非常恶劣，种族观念在她的思想里根深蒂固，就因为对方是黑人，她就怒目相对，甚至恶言相向，即使对方一直微笑待之。而机长和服务人员的处理办法，让所有人都明白，大家都是乘客，都是人，大家都是平等的，任何人都不应该受到不公平的诋毁和谩骂。

杭州一家图书馆声明对所有读者免费开放，有许多乞丐都会进去阅览，图书馆对他们的唯一要求就是把手洗干净。有的人接受不了乞丐们，于是就找到馆长投诉，说让乞丐们进入是对其他人的不尊重，而馆长回答说："大家都是平等的，我没办法拒绝他们进入阅览，但是您可以选择离开。"

乞丐是人，拾荒者是人，穷人也是人，他们都是平凡的市民，不应该被歧视，不应该被剥夺免费读书的权利，更不该被人看不起。有人觉得让乞丐进馆是对其他人的不尊重，有这种思想的人首先就是不尊重他人的人，他不懂得人人生而平等的道理，更不知道应该平等待人，势利的眼光蒙蔽了他们的双眼，让他们看不到平等与正义。而馆长的行为让人明白，人人平等，大家都该享受一样的待遇。

其实每个人都决定不了自己的出身，出生之后也不知道自己的未来，等渐渐长大之后，有些人因为长得不好或者学习不好、家世不好等而受到一些冷落或嘲笑就会觉得备受打击，从而影响身心的成长与发展。因为人们的不平等心态，会让那些人越来越自卑，很难重拾自信。

每个人都应该做到平等对待身边的人，只要人人都多出一份平等的心态，多出一份友好与关爱，那么相信我们的生活会变得更加和谐美好。

平等无处不在，平等是人与人之间最基本的关系之一，也是社会进步的基石。只有做到人人平等，社会才会真正和谐，人们才会真正幸福快乐。

早期奴隶制度的消亡就验证了这个道理，没有人天生是奴隶，也不应该有奴隶的存在。大家生而平等，没有谁生来就应该低人一等。这种意识已经被人们普遍认可，现代社会的进步，就是由不平等走向平等的过程。

我们应该像世外桃源中的人们一样平等地对待身边的每个人，无论他是好还是坏，是丑还是美。如果大家都能做到平等地对待他人，没有嘲笑、没有自私、没有歧视……那么我们生活的社会就会像世外桃源一样平等、美好。

3. 没有绝对的平等

平等，是人与人之间一种关系的体现，主要体现在人与人在经济、政治、社会、法律、尊严等方面享有同等的地位与待遇。

人与人之间的平等，不仅指物质上的平等，更重要的是精神上的平等。人与人之间相互理解，相互尊重，将彼此看作完全同等的人来对待。

从原始社会开始，人们就共同劳动，平等分配，那时人与人之间的关系就是相对平等的。后来私有制出现，产生了不同的阶级，也就导致了人们社会地位的不平等，从而产生了社会关系的不平等。由此，平等又成了人们向往的目标与愿望。“不患寡而患不均”，“等贵贱，均贫富”，“人人相亲，人人平等，天下为公”，等等，不同时期的不同口号都反映了千百年来人们追求与向往平等的愿景。

在现实生活中，很多人从自己的利益和角度出发，来追求绝对的平等，这是不现实的，也是比较自私的想法。人在自然中是绝对平等的，但是在社会关系中还是不可能达到绝对的平等，这是目前社会存在的现实问题，也是需要大家努力去改变的问题，但是这需要时间，甚至需要很长一段时间。我们目前只能尽可能地做到平等待人，以及呼吁身边的人做到平等对人、尊重他人，也尽量让他人尊重自己。小范围内先实现一定意义上的平等，这才是比较现实的做法。

在这个过程中，我们要努力消除社会中存在的各种不平等、不公正现象，努力营造一个平等和谐公正的社会环境。而要做到这点，首先，我们要从自身做起，不要因为家境、相貌、经济等方面的种种因素而轻视他人或者自轻自贱，注意维护自己和他人的尊严和利益，做到一定程度上的平等。

第二节 如何做到平等待人

著名的文学家萧伯纳到苏联进行采访，在街上遇到一位活泼可爱的小姑娘，就与她一起玩耍。分别时，萧伯纳对小姑娘说："回家后告诉你妈妈，今天和你玩的是世界著名的文学家萧伯纳。"谁知小姑娘也学着萧伯纳的口气对他说："回家后告诉你妈妈，今天跟你玩的是苏联的小姑娘卡嘉。"

这个故事告诉我们，无论一个人有多大成就，他在人格上与他人都是平等的，不要自恃清高，也不要看轻自己，每个人都是一样的。

一个波兰学生在柏林饱受歧视，他去拜访爱因斯坦，想请爱因斯坦帮他写封推荐信，让他能在柏林顺利求学。爱因斯坦就为他写了一封推荐信。学生非常感谢他，他想永远记住这个好心人，于是又向爱因斯坦要了一张有签名的相片。爱因斯坦又答应了他的请求，但是又说道："那你也得答应送我一张有你签名的照片，这样才平等。"

这句话改变了这个青年的一生。拿到推荐信后，他顺利进入了柏林一所名牌学校。他发愤学习，以一篇《麦克斯韦场方程的非线性概括》扬名天下。他就是后来享誉物理学界的科学家英费尔德。

英费尔德说："他的话使我感到了平等，我因此获得自信，他的话是我前进的强大动力……"

这就是平等待人的力量。我们在平时与他人相处时，无论对方是什么样的出身，处于什么样的地位，天赋、相貌、贫富等如何，都要做到平等对待，真诚、礼貌、友善是基本的待人态度。

那么我们要怎样才能做到消除歧视，平等待人呢？

1. 衷心地尊重他人

某些人之所以会歧视他人，是由于平等意识的缺乏，不懂得人与人之间有着平等的人格尊严，所以不能做到平等待人。

要做到平等待人，首先要从内心里真正地尊重他人。尊重他人就是尊重自己，要善于欣赏、接纳他人，由衷地欣赏他人、赞美他人。

每个人生来都是平等的，都具有平等的人格尊严、生命权利、发展权利以及被尊重的权利。我们要明白这个道理，从而从内心做到一视同仁地对待他人，不能因为各种原因将他人划分三六九等，不要做有损他人人格的事，不取笑他人、侮辱他人。

农民工是一个比较特殊的群体，他们长年在外奔波劳动，远离家乡，处于恶劣环境中艰难地劳作，只为给家里赚取微薄的生活费，养活一家老小，却为社会的建设做出了巨大贡献。但是，就是这样一个群体，却长年遭受外界的白眼，受尽世人的鄙夷与非议。

很多人不尊重这些体力劳动者，认为他们脏、傻、素质低等，其实他们只是社会分工不同而已，但也是社会发展中不可或缺的重要人群，他们有着与别人平等的人格尊严，任何人都不应该侮辱、歧视他们。

你尊重他人，他人自然就会尊重你。这样才能做到大家都以礼相待，平等相对。

2. 实事求是地看待自己和他人

每个人都有自己的优点和缺点，我们要实事求是地认识自己和别人，取长补短。你在某些方面比别人有优势，但是可能另外一些方面也会不如他人，不要以己之长度人之短，自己在某些方面比较擅长就因此沾沾自喜，自以为了不起而鄙视他人，甚至嘲笑侮辱别人。自己的优势可以作为自信的资本，但是不可以拿来作为鄙视别人的筹码。在认识到自己优点的同时，也要看清自己的缺点和不足，“有则改之无则加勉”，虚心学习进步，做到扬长避短。同时也要善于发现别人身上的优势，乐于夸赞别人的优点，从内心深处发掘别人的优点，努力去喜欢和接受他人。

总之，我们需要实事求是地看待身边的人和事，摒弃一些自以为是的高姿态和错误的看法，做到客观看人，平等待人。

一次，乔治·华盛顿穿着大衣走出营房，路上的士兵没一个认出他来。走到一个地方，他看到一个下士指挥着手下的士兵在筑堡垒。那个下士对抬着巨大的石块的士兵们喊着“加把劲”，但是他自己的双手却插在衣袋里。石块很重，士兵们累得满头大汗也一直没能把它放到恰当的位置上。下士不停地喊：“一、二，加把劲!”士兵们的力气几乎要用尽了，石块还是没能放上去，眼看就要滚下来了，这时，华盛顿快步跑到跟前，用自己的臂膀顶住了石块。在华盛顿的援助下石块终于放到了恰当位置上，士兵们转过身，对华盛顿表示感谢。“你为什么光喊加把劲而把自己的手放在口袋里呢?”华盛顿问那个下士。“你问我啊？难道你看不出我是这里的下士吗?”“哦!”华盛顿说着，解开大衣纽扣，向这位自以为是的下士露出他的军装，“按军阶来说的话，我就是上将。不过下次抬重东西的时候，还可以叫上我!”

很多人自以为是地将他人进行人为的分类，进行所谓的划分。对自己认为高一等的人进行谄媚巴结、迎合奉承，对自己看不起的“下等人”进行无理歧视，甚至是人格侮辱。要做到平等待人，这样的行为是不可取的。

有关古代大文豪苏轼先生著名的“坐，请坐，请上座”的故事也让我们明白，不要自以为是地将别人进行归类划分，更不要根据自己的主观判断来区别对待他人。每个人都是平等的，都有平等的尊严和权利，我们要做到不论对什么身份地位的人都平等相待。

3. 摒弃世俗观念，努力消除歧视

当年杜鲁门新当选美国总统时，有人去祝贺他的母亲：“您有这样的儿子，一定十分自豪吧?”他的母亲回答：“是的。不过我另外一个儿子

也同样让我骄傲。他现在正在地里挖土豆。”

很多人在与他人交往的过程中，常常以相貌、金钱、权力等世俗条件来区别对待他人，这就是所谓的以貌取人、以地位取人。要知道相貌、金钱、权力等不能决定一个人的价值，所以不能以这些世俗条件来衡量一个人，更不能以此来决定你与其交往的态度。

这些世俗的观念自古以来就害人不浅，以貌取人、以地位取人等本身就是对平等待人的一种绝对否定。要做到平等待人，首先就要摒弃这些陈旧的世俗观念，每个人都是平等的，更不能以这些恶俗的东西来否定一个人的人格与尊严。

某些人之所以会产生歧视心理，是由于他们没有人人平等的观念，而是戴着有色眼镜来看周围的人，所以才会产生不一样的心理。这样的行为严重违背了人人平等的理念，损害了他人的人格尊严，同时也降低了自己的尊严与素质，为人与人之间的友好交往增加了障碍，阻碍了社会的和谐与发展。

俄国作家屠格涅夫一次在街上遇到一个乞丐，那个乞丐跪在地上可怜地祈求他施舍点吃的，但是屠格涅夫找了半天也没找到一点吃的东西，于是只好抱歉地说：“兄弟，对不起，我没带吃的。”那个乞丐听了他的话，立马站起身来，握着他的手，热泪盈眶地说：“本来我已经生无可恋了，但是你的一声‘兄弟’让我又找到了活下去的勇气，谢谢你!”

一声“兄弟”，让乞丐觉得世界上还有真情在，还有把他当作平等的人来看待的，这让他又找到了一丝温暖，找到了继续活下去的理由与勇气。这说明平等在人的心目中可以起到至关重要的作用，它能够给人生存的意念，给人带来无尽的温暖与希望。

我们要认清平等待人的重要作用，要意识到歧视心理带来的危害，努力消除歧视，平等对待他人，尊重身边的每一个人，做一个促进社会发展的良好公民。对于那些处于不利地位的人，我们要做的是以自己的真诚、友好去对待、帮助他们，维护他们的合法权益，而不是欺侮、凌辱他们。

第三节　平等在合作中的重要性

平等包括人格上的平等和法律上的平等。每个人都是独立的个体，都有其做人的尊严，在法律上也享有平等的权利与地位，所以人与人之间相处一定要讲究平等。

尤其是在合作关系中，无论是合伙人，还是上下级关系，大家在人格和法律上都是平等的，不存在等级差别，所以在合作中要讲求平等，不能以自己的甲方身份或者上级身份来过分压制别人，或者看不起他人。这样的做法不利于合作的友好进行，不可能产生好的合作效果。

在中国的金融体系中，商业银行始终支配着大部分的金融资源，在市场上占据着主导地位，而与商业银行合作的基金公司则一直处于不平等的地位。和银行在谈判中的不平等地位，银行对基金公司材料审核的苛刻以及银行渠道的档期问题对基金发行的制约等问题，都让基金公司表示很无奈。不过，有的大银行已经开始主动放低身段，联系基金公司开展电子商务销售业务。

合作双方只有平等对待彼此，才会有真正友好的合作关系，才会产生好的合作效果，创造好的合作效益。

1. 平等待人，他人才能平等待你

英国女王维多利亚一次由于忙于接见王公而冷落了她的丈夫艾伯特。她的丈夫很生气，就自己悄然回到了卧室并锁上门。一会儿，维多利亚来敲门，丈夫问："谁？""我是女王。"门没有开，女王再敲门。"谁？""维多利亚。"门还是没有开。女王生气地想要离开，但是冷静了一下还是再次敲了门，这次她温婉地回答："我是你的妻子。"丈夫便笑着打开了门。

"女王与妻子"的故事告诉我们：只有你平等待人，别人才会同样尊重你，无论你是什么身份。

尊重他人就是尊重自己，平等待人就是拔高自己。人与人之间的关系是相互的，你笑脸迎人，他人也会微笑对你；你恶言相向，他人自然也不会友好对你。你尊重他人，他人才会尊重你；你平等待人，别人才能平等对待你。

一个人能不能得到他人的尊重，不在于他长得美不美、身份地位的高低、金钱的多少，而在于他为人处世的行为。一个不懂得尊重他人的人，不会平等待人的人，也同样不会得到他人的尊重。

美国总统林肯一次外出遇到一个黑人乞丐对其鞠躬行礼，林肯总统像对待其他人一样，认真地脱下帽子对其回礼。身边的随从表示不理解，一个总统干吗要对一个乞丐行礼？总统说："乞丐也是我们的公民，都是人，我也不愿意让他认为我是不懂礼貌不尊重他的人。”

总统和乞丐，在人格上也是平等的。而且总统尊重乞丐，乞丐才会爱戴拥护总统，才不会觉得他目中无人。这样的总统才是万人爱戴的首领。

身为平民的我们，平时更要做到团结友善、平等待人，这是最基本的待人之道。平等对待他人，让别人也同样尊重自己，平等地对待自己和每一个人，也才是明智的做法。

2. 平等待人是友好合作的基础

每个人都有自己的优势与缺点，合作就是将不同优势的人组合在一起，取长补短，优化组合，发挥各自的优势，从而实现共同的利益。合作中的每个人都是独立的个人，在人格、尊严、法律等方面都是平等的。

只有把合作方看成和自己同等的人，平等相处，尊重对方的人格、利益，承担自己应有的责任和义务，才会同样赢得对方的尊重和认同，才能形成良好的合作关系。

个人的力量毕竟是有限的，既然选择合作，就要保持与维护良好的合作关系，养成良好的合作习惯，这样才能达到很好的合作效果，达成共同的合作目标，实现最终的成功。

如果你以为自己在某方面比他人拥有绝对的优势，就自以为是，觉得自己应该高人一等，而处处盛气凌人、压制他人，那么他人也不会真正对你有好感，不会认同你的人格，那么这样的合作是绝对不会有好的结果的。

小王是某公司的一名销售员，由于工作能力较强，他的业绩一直很出色，但是仗着自己业绩好，他越来越沾沾自喜，自以为是，不把别人放在眼里，经常自夸自己的功劳，从不提及团队的其他人，久而久之，大家对他的态度越来越冷漠，都不怎么跟他说话了。时间长了，老板也开始冷落他，重要的任务也不再找他去做了。

有没有平等待人的态度关系到生活的好坏、事业的成败。个人的力量再强大也会很有限，只有实现了优化组合，与志同道合的人进行友好合作，才能实现个人无法达成的目标与愿望。

3. 平等合作才能做到互利共赢

平等、自愿原则是合同法中最基本的原则。只有建立在平等基础上的合作，才能使双方获得同等的人格和物质上的利益。只有首先做到平等，合作双方才不会互相算计，只求谋得自己的利益，而不顾他人利益。平等的力量使合作双方同心协力，既为自己打算，也为对方着想，为共同的利益目标努力，达成最终的合作目的，实现个人的最终愿望。

当大家都去使用钩心斗角的谋术时，就不会有人真正尽力去为共同目标奋斗，大家拼个你死我活，最终结局只能是同归于尽，什么也得不到，更谈不上什么成功。所以，在合作中，大家都要秉承平等互利的原则，用平等的心态来对待合作者。用人不疑，疑人不用。既然决定合作，就要充分信任对方。如果合作过程中双方产生了矛盾，就要静下心来大家一起解决矛盾，双方都尽量设身处地地站在对方的立场上考虑一下，体谅一下对方的情感，在充分理解的条件下，努力寻求最好的解决办法。只有这样，才能实现最终的共同目标，个人的目标与愿望也才有可能得到实现。

纵观历史，古往今来所有卓有成效的合作，无一不是在平等的基础上实现的。要想达到共赢，必须首先做到平等合作。平等对待合作者，平等看待自己，这样才能达到互利共赢。

话说一个人，买了一辆豪华轿车，却不知道怎么开，就用几匹马来拉豪车。大家听了这个故事后都会耻笑这个人的无知，殊不知在现实社会中，其实很多人都无意识地做了这样“马拉汽车”的事。怎么样才能让汽车发挥好自己的作用？找一位好司机最重要。在合作中也是一样，合作者们要真正掌握“开车”的方法，具备好的驾驶技术，或者找一个好的司机，各尽其能，平等合作，才能使合作项目有条不紊地进行下去，让集体目标得到最后的实现，每个人最后也都可以得到自己想要的结果。

4. 平等合作有利于个人的进步与发展

平等合作，能够使合作成员中的每个人都树立自己的责任心和使命感，不会有猜疑、嫉妒、防备、不信任等心理，大家都各司其职、各得其所，从而有利于个人的进步与发展。

5. 平等合作有利于市场经济的健康发展

平等合作让大家得到公平利益的同时，能够积极、主动地遵守平等合作的原则，自觉履行自己在合作中的相应义务。

6. 平等合作有利于社会的和谐与发展

平等合作能够满足人们的公平、合理的心理期望，有效协调社会各方面的平等利益，从而形成良好的人际关系、和谐的社会氛围，进而有利于社会的和谐与稳定。

第四节 如何在合作中做到平等

平等待人是人与人之间相处的基本原则。没有平等的观念，就不会有良好的人际关系，就不能得到周围人的友好和平等的对待。

人都有被人尊敬和友爱的需求，每个独立的个人都希望得到社会和家人、朋友的认可，这种心理需求就是平等的需求。

不管是生活中还是合作中，我们都应该抵制不公平的待遇。所有的交往都需要平等，平等才能深交，深交才能互利。

社会需要平等待人，也需要平等合作。合作存在于社会生活的每一个角落，我们的生活和工作中处处都存在着合作，社会就是一个合作的大团体。人是社会中的一分子，不能脱离社会而独立存在。社会离不开人与人之间的相互合作，而良好的合作一定是平等的合作。

1. 如何在交往中做到平等相处

(1) 礼尚往来。在节日里，朋友们之间一般都会互送礼物，而送礼的价值一般也基本上是对等的，这就叫礼尚往来。国与国之间、单位与单位之间的交往一般也是同等级的相互接待。礼尚往来分为物质上的、情感上的、礼仪上的，等等。对等的礼尚往来有利于人与人之间的平等友好相处。

(2) 真诚沟通，也就是通常说的谈心。好朋友之间经常会促膝长谈，谈心可以增进彼此间的感情，拉近彼此间的距离。所以，想要拉近与他人之间的距离，最有效的方式就是谈心。上下级之间为了打破彼此间的隔阂，也经常会坐下来沟通，但是很多上级经常会打官腔，摆领导架子，让人觉得有距离感，甚至会让人产生反感情绪。作为上级，在与下级谈心的时候，要注意自己的语气与方式，做到真诚相待，才能让人心悦诚服。

(3) 积极参加社交活动。一个人要建立良好的人际关系，广交朋友，最好的方式就是积极参加各种社交活动，在活动中寻找共同爱好、共同话题，深入了解对方，从而形成良好的社交关系。在活动中，大家平等而交，增进了解，相互尊重，和谐融洽的朋友或同事关系就形成了。

(4) 交朋友。无论是家人、长辈、领导还是同事，想要拉近距离，做到平等相处，最常用的方法就是与其交朋友。家长把孩子当成朋友，老师把学生当朋友，上级把下属当朋友，领导把群众当朋友，这样，大家都以朋友的身份对待相处对象，交往起来就会容易得多，也更容易心意相通，拉近距离。一位爸爸说："我平时都与儿子称兄道弟的，都是以哥们的方式相处，这样他把我当朋友，就什么话都愿意跟我说，我与儿子的关系就越来越好了。"

2. 怎样在交往中达到互利

人与人之间的交往，大多数都是互利的。在人与人之间的交往中，一般都有互利的因素存在。人人都有期望被人关心、被人注意的心理需要，而在与人的交往中，也要考虑到对方的需要。所以交往的过程中就要做到礼尚往来，实现双方之间的互利。这样的交往关系才会被珍惜，才能够长久。那么，怎样才能做到交往中的互利呢？

（1）合作。交往双方为了满足各自的利益，临时结合在一起而进行共同协作，就是合作的产生。由于个人力量的局限性，一个人难以实现自己的理想目标，于是寻找志同道合的人一起实现共同目标。这种合作一般都是以物质为主要基础的，双方分工合作，资源优化组合，友好合作，共同实现最终目标。其中与谁合作、怎样合作等问题，需要合作双方协商解决，这与各方的利益密切相关。

（2）竞争。比如在学习上，老师就经常设置一些激励措施，让学生们相互竞争，勇争第一。这样所有人都会努力学习，虽然第一名只有一个，但是竞争机制下大家都加倍努力，大多数人都会得到大幅进步。在单位里也是如此，重赏之下必有勇夫，而得利者往往是集体和大多数人。还有很多友谊赛，如篮球赛、跑步比赛等，看似比赛，实际上通过比赛可以赢得很好的人际关系，在竞争中获得互利。

（3）交换。交往双方通过互相交换的方式，获得互利。交换分为物质交换、精神交换以及物质与精神兼有的互换。比如逢年过节亲友之间互送礼品，这属于物质上的互利。而朋友之间的相互安慰、相互尊重、相互夸赞等都属于精神互利。一人为了表达谢意或歉意等，向另一人赠送了礼物，这种是一方得到了精神满足，而另一方得到了物质利益，这就是物质与精神兼有的互换。

3. 在合作中怎样做到平等待人

我们在前面章节已经分析了平等在合作中的重要性。只有平等，才能保证友好合作，才能达到互惠互利。那么，在合作中，怎样做到平等待人呢？

(1) 树立平等意识。每个人都是平等的，在合作中要牢记双方是合作伙伴关系，要树立平等意识，本着平等的观念，把合作对象看成和自己同等的人，大家平等相处，尊重对方的人格、想法、利益，才能获得对方的信任，保持良好的合作关系，从而齐心协力实现共同目标。而不是彼此抱怨指责，或者相互压制。

一次，周恩来总理乘坐的飞机遇到一股寒流，机身都结了冰，开始失去平衡慢慢往下坠落，情况十分危险。机长让机械师往下扔行李，以减轻飞机的重量，同时让大家背上降落伞，随时做好跳伞的准备。

这时忽然听到一个小女孩的哭声，周恩来总理马上站起来，来到小女孩的身边，原来是小女孩没有带降落伞，害怕地哭了。于是周恩来马上解下自己的降落伞，给小女孩背上。其余的人看到周恩来把降落伞给了小女孩，纷纷抢着要把自己的降落伞给他，但是他用命令的口气对大家说："都不许管我，大家要沉着，不要慌！"过了一会儿，飞机冲出了寒流，冰甲开始融化了，飞机渐渐升高，开始平稳前行。

周总理都能做到这样舍己为人，平等待人，我们更要做到如此。要在平时的生活和工作中树立平等的意识，做到平等对待身边的每一个人。

(2) 不强求他人。“己所不欲，勿施于人。”在合作过程中，自己不喜欢的事，不愿意做的事情，就不要推给他人，不要强求他人去做。这样会造成他人的反感情绪，觉得你看不起或不尊重他人。

(3) 宽容理解对方。合作关系中难免会出现磕磕碰碰，这就需要合作双方相互宽容与理解。如果在合作中与他人产生了矛盾或意见分歧，应该主动地设身处地站在对方的角度去为对方考虑一下，认真理解对方，体谅对方的处境与难处，以便找到好的解决问题的方法。善于理解别人才能得到别人的理解，宽容他人才会同样被他人宽容。

宋朝的重臣韩琦，一次得到了一只玉盏。玉盏上没有一个斑点，非常名贵。韩琦视之为珍宝，还特意准备了一桌饭菜，请了许多官员前来饮酒。那只玉盏被一块绣着花纹的布覆盖着，放在酒桌上，结果一个武官不小心碰到了桌子，玉盏掉下来摔得粉碎。所有客人都惊呆了，那个武官跪在地上等候发落。韩琦却笑着说：“你也不是故意的，东西嘛，碎了就碎了，没什么要紧的。”

我们要学习韩琦宽宏大量的精神，若他人无意伤了自己，应该及时原谅他人的过失，不要过分计较，这就是理解与宽容的表现。

(4) 正确处理合作与竞争的关系。有合作也就会有竞争，尤其是在单位里，要认真对待、正确处理竞争与合作的关系。杜绝恶性竞争，正确看待良性竞争，既要团结合作、互帮互助，又要敢为人先，不怕竞争，在合作中竞争，在竞争中学习与互助。

(5) 平等的合作需要合理地分配利益与责任。合作就是为了互利，但是，每个人在合作中得到利益的同时，也应该承担相应的责任，所得到的利益与他要承担的责任应该成正比。不管得到的利益大于还是小于他所承担的责任，都属于不平等的现象，这样就不利于合作的长久。

第四章　互利，合作的目标

销售不是战争，商场也不是战场。战场上，不是你死就是我亡，而商场，是需要双生双赢的。在商场上，你没有敌人，也不需要消灭敌人，你要尊重对方，帮助对方获取利润，前提是，他必须和你合作。

商业合作必须有三大前提：一是双方必须有可以合作的利益，二是双方必须有可以合作的意愿，三是双方必须有共享共荣的打算。此三者缺一不可。

狼和狈，长得非常相像，也都很喜欢偷吃猪、羊等家畜。它们不同的地方在于：狼的两条前腿长，两条后腿比较短；而狈是两条前腿比较短，后腿比较长。狼和狈经常一起行动去偷猪、羊等。

在遇到比较高的猪圈、羊圈时，狼和狈都爬进不去，于是它们就经常合作，狈先蹲下身子，让狼爬到狈的身上，骑到狈的脖子上，然后狈用前爪抓住圈门，慢慢站起来，把狼抬高，然后狼越过羊圈或猪圈，将它两条长长的前腿伸进圈里，把猪或羊偷出来。

狼和狈经常这样合作，如果它们不合作，谁也偷不走一只家畜，牧民就会少很多损失。但是，聪明的狼和狈经常一起合作，就大大增加了成功的可能性。人们现在经常用“狼狈为奸”这个成语，来形容那些相互合作干坏事的人。

但是，狼和狈的行为其实就是非常典型的合作互利，它们通过取长补短，利用各自的优势，避免了各自的缺陷，进行资源的有效配置，合理分工合作，最终达到互惠互利的效果。

在我们的日常生活中，也有很多这样合作互利的例子，为了达到互利，人与人之间会进行合作，合作的最终目的就是为了互惠互利。互利就是合作的起因和最终目标。

第一节　合作的本质：互惠互利

在植物界中，地衣的生命力是非常顽强的。无论是沙漠、南极、北极，还是大海龟的背上，我们到处都能看到地衣的身影。

地衣不是一种单纯的植物，它是真菌和藻类的合体。真菌吸收水分和无机物，藻类富含叶绿素，它以真菌吸收的水分、无机物和空气中的二氧化碳做原料，利用光合作用制成养料，与真菌共享。这种紧密的合作，就是地衣有如此顽强生命力的秘密。

这就是合作共赢，人类之间也是如此。合作是一种积极向上的心态与智慧。一个人就算再有能力与才华，如果不懂得沟通协作，不能很好地融入社会，就不能实现自己的目标与理想，不能真正获得成功。

人生处处都有合作，而合作的本质就是一种互惠互利的活动。人生是个大舞台，每个人都是演员，但是人生不是独角戏，即使是主角也需要找配角和群众演员来合作搭戏，这样才能演出精彩绝伦的好戏。

人生的所有合作大都是互惠互利的，在合作过程中，合作者之间平等相待，默契配合，各司其职，共同为实现集体目标发出自己的光和热，最终达到所有人之间的互惠互利，这就是所谓的双赢的过程。

互联互通
——如何打通合作者之间的关系

我们经常看到不同动物之间适者生存、弱肉强食的残杀场景，但是也有一些动物之间通过相互合作实现互惠互利的例子。

有一种犀牛鸟，就是靠在犀牛伤口处吃各种寄生虫为生，这样自己能够生存下去，也可以帮助犀牛避免病患。海葵虾时时刻刻都夹着一只海葵四处游走，一遇到危险海葵就会把毒触角对着入侵者，防止外敌的入侵，这样相互合作，既可以保证海葵虾的安全，也可以保证海葵的生存。像这样通力合作、互惠互利的例子在动物之间非常常见，动物之间尚且如此，人类之间的互利合作就更加普遍。

2015年9月，习近平主席对美国进行了国事访问，并对中美经贸关系的现状进行了阐释，对两国未来的合作发展提出了期待。

习近平主席对两国经贸合作的本质进行了定位：中美经贸合作本质是互利双赢的。

经贸关系是中美两国合作共赢的基础，此次双方最高领导人会晤，大大推动了两国经贸合作的进程，议题从传统的贸易、汇率领域扩展到了国际金融、多边开发和国际投资等方方面面。

“合则俱荣、争则俱损。”中美两国强强联合，充分发挥各自优势，拓展合作领域、深化合作程度，这对双方的经济发展都是大有裨益的，也为两国人民带来了福祉。两国深化合作，有助于增强两国之间互信互惠，消除疑虑与矛盾，使两国人民得到切实的实惠，也为将来两国在其他领域的合作奠定了坚实的基础。

习主席在西雅图的欢迎式上指出：“我这次访问美国的目的，就是要加深两国人民友谊，拓展各领域务实合作，推动中美新型大国关系建设取得更大发展。”

中美双方在金融经济、军事警务、核能能源、商务合作、文化交流5大领域达成49项务实合作成果。其中，在促进中美经贸合作深化发展方面取得的成果将实实在在惠及中美两国。

习主席出席中美企业家座谈会时还做出了“中国开放的大门永远不会关上”的承诺，向全世界宣告中国构建全面开放的经济体系和继续推进金融改革开放的决心。

开展广泛合作，打造双赢局面，永远都是智者之举。互利共赢，是合作的本质，是打开成功之门的金钥匙，是人生走向辉煌的起点。

我国自古以来就不乏互利合作的成功事件。春秋战国，群雄逐鹿，廉颇蔺相如文武搭配、互信合作，才最终联合抗秦，救赵国于水火之中，“将相和”的美谈也流传至今。三国时期，刘备称霸一方，无非是靠手下一帮仁人义士的互信合作，他们对刘备忠心耿耿，各尽其能，最终共筑霸业。

双赢的合作在我们的日常生活中随处可见，不仅仅是在政治与经济活动中，在我们平时的人与人之间交往中也处处可见。所以，学会互信合作，打造互惠互利的局面，对自己的生活、工作、前途等都是非常有利的。

西班牙人哈姆从小就很喜欢制作糕点，长大后他就做起了糕点生意，后来他随着狂热的移民浪潮来到了美国。但是，来到美国后，他的糕点生意和在西班牙时相比，并没有多大起色。

1904 年，美国举行世界博览会，哈姆就把自己的糕点工具搬到了会展地，希望可以借此机会推广自己的薄饼。可是人们对他的薄饼好像没有太大的兴趣。而他的邻居，一个卖冰激凌的商贩倒是生意很红火，一会儿工夫就卖出了很多冰激凌。但是他很快用完了自带的冰激凌碟子，没有了盛放冰激凌的器具，好心的哈姆就把自己的薄饼卷成了锥形，拿给他让他盛放冰激凌。卖冰激凌的商贩本来是见哈姆的生意不太好就好心买了哈姆的薄饼，没想到的是，这种锥形冰激凌被顾客一致看好，竟然还被评为此次世界博览会上“最受欢迎的产品”。

从此，这种锥形冰激凌开始迅速传播，逐步演变成今天的蛋卷冰激凌。

哈姆的一个偶然间的创意却延续了一百多年，至今仍是风靡世界的美味食品。既帮了别人，自己也得到很好的利益，这就是双赢，就是互利，这才是合作的最好结局。

第二节　互利与合作共利共生

一个农夫的农田旁边长着三丛灌木，每丛灌木里都住着一群蜜蜂，农夫觉得这些灌木没什么用处，于是就想着把它们砍了当柴烧。

当他砍第一丛灌木的时候，里面的蜜蜂苦苦哀求他："您就是把灌木砍了也没有多少柴火，而且，您砍了我们的家，我们就没办法在这里帮您的农作物传播花粉了，求求您放了我们吧。"农夫说："没有你们，也会有别的蜜蜂传播花粉。"于是，农夫就砍掉了第一丛灌木。

过几天，农夫又要动手砍第二丛灌木，里面的蜜蜂蜂拥而出，对着农夫大喊："你要是敢破坏我们的家园，我们绝不会放过你！"农夫的脸上被蜇了好几个包，他盛怒之下，放了把火直接把整丛灌木烧了个干净。

轮到第三丛灌木了，里面的蜂王飞了出来，它耐心地对农夫说道："聪明的投资者啊，请看看这丛灌木给您带来的好处吧！您要是砍了它，那会是您多大的损失啊！您看看，我们每年能生产出很多蜂蜜还有蜂王浆，这可都是给您创造的经济效益呢！"农夫听了蜂王的话，心甘情愿地放下了工具，与蜂王合作做起了蜂蜜的生意，获得了巨额的财富。

蜜蜂保住了家园，农夫也获得了巨大的利益，两者实现了双赢。这就是合作互利，只有第三群蜜蜂保住了自己的家园。而前两群蜜蜂用了恳求、威胁、反抗等手段，都没有达到自己的目的。只有合作共赢才是最好的策略。

商业竞争也是如此，与其与对手之间争得两败俱伤，不如与对手合作，实现互利共赢。这才是真正的智慧。

合作的目的是为了互利，互利是建立在合作的基础之上的，是友好合作下的产物。所以说，互利与合作相辅相成，互利共生。

生物学上，豆科植物与根瘤菌互利共生，它们共同生活在一起，相互依存，彼此有利。生活中，我们也应该时刻培养合作意识，通过合作达成互利，实现自己的梦想。

蜜獾和导蜜鸟经常一起合作，共同捣毁蜂巢。野蜂常把巢筑在很高的树上，蜜獾不容易找到。导蜜鸟目光敏锐，它发现了树上的蜂巢后，就去寻找蜜獾，向蜜獾发信号，蜜獾收到信号后，便会很快赶来，爬上树去咬碎蜂巢，吃掉蜂蜜。而导蜜鸟等蜜獾美餐一顿后，再去享用蜂房里留下的蜂蜡。

鳄鱼和燕千鸟之间也是互惠互利的。燕千鸟不但在凶猛的鳄鱼身上寻找小虫吃，还进入鳄鱼的嘴里啄食残留的鱼、蚌、蛙的肉屑和寄生在里面的水蛭，这样就可以帮助鳄鱼清洁口腔和身体。有时鳄鱼把嘴一闭，燕千鸟被关在里边。然而只要燕千鸟吃饱了，轻轻用喙击打鳄鱼的上下颚，鳄鱼就会张开嘴让它飞出来。

人生不是独角戏，需要一个合作的舞台，而不是竞技场。现实生活中人与人之间都需要依靠，相互合作，单枪匹马是不能随意驰骋的，很多梦想都需要与他人合作才能实现。为了互利，我们需要合作；合作，就是为了互利。

人与人的合作结局有以下几种：①利人利己，也就是互利。②两败俱伤，同归于尽。③损人利己，就是自己赢对方输。④独善其身，单打独斗，自己做胜利者。⑤舍己为人，自己输他人赢。⑥好聚好散，就是没有合作，没有利益往来。综观所有的相处模式，互利双赢无疑是最好的选择。你赢、我赢、大家赢，能够形成这样和谐欢乐的局面，何乐而不为呢？

如果只是单打独斗，那就不存在合作可言，但是很多梦想也就没有了实现的可能。如果只有一方赢，那么合作也会因此解散。只有达到互利共赢，才是真正的合作，才会皆大欢喜。

外国的一位教育家来到中国，邀请几个小学生一起做一个小实验。一个小口瓶里，放着七个穿线的彩球，线的一端露出瓶口，七个学生各拉一根线，哨声响起后他们就以最快的速度将球从瓶里拉出来。这个瓶子代表一栋房子，彩球代表屋里的七个人，房子起火了，只有在规定的时间里逃出来的人才有可能生存。

哨声响了，七个孩子一个接着一个，依次从瓶子里取出了自己的彩球，总共用时3秒钟！在场的人都情不自禁地鼓起掌来。外国专家夸赞说："真了不起！我在许多地方做过这个实验，从没有成功过，最多逃出一两个人，多数情况都是几个彩球同时卡在了瓶口。我从你们身上看到了一种可贵的互利合作的精神。"

只有通过友好的合作，才能达到共赢的结果，如果只是竞争，结果只能是伤亡惨重，而合作可以让每个人都得到利益。

在企业里，如果只有老板赢，那么员工就会离职罢工；如果只有员工赢，老板就只有关门大吉了。反之，如果老板和员工之间实现了互利共赢，那么企业就会越做越大，越走越远，老板和员工之间的合作也会越来越默契，大家都会越来越有动力，互利的成果也就越来越多，所得的利益也会越来越大。

现实生活中，其实很多人之间都是合作的关系，他们合作起来亲密无间，无所不能，互惠互利，而只要分开，就会连连失败。如果相互之间不停地猜疑、斗争，那么下场就会很可悲。如果破坏了合作，谁也不可能获得好处。合作就是互利的过程，互利是合作的结果，二者密不可分。

"三个和尚"的故事相信大家都听说过。为什么只有一个和尚的时候他可以过得安稳自在，有两个和尚的时候大家就会心存疑虑，相互猜忌，而三个和尚的时候，他们却没有水喝了？这就是他们不懂得合作与互利的结果。

只有一个和尚的时候，他自己动手，丰衣足食。有两个和尚的时候，两个人抬水喝，也算是相互合作，共同挑水。但是他们总担心自己吃亏，抬水的时候水桶还必须放在担子的中央他们才放心，他们之间的合作没有任何信任可言。而三个和尚的时候，他们谁也不愿意去挑水了，总觉得自己干活了会吃亏，于是三个人都没有水喝了。没有信任，没有合作，也就没有利益可言。直到老鼠打翻烛台，大火燃烧寺庙，三人通力合作扑灭大火之后，他们才明白合作互利的道理。从此，三个和尚互信合作，齐心协力，喝的水多了起来，生活也开始有条不紊。

第三节　互利合作的重要性

一把钥匙配一把锁。锁和钥匙本来应该是通力合作，共同为主人保护家门安全的一对组合，但是有一天，锁对钥匙抱怨说："我每天都辛辛苦苦地看守家门，而主人却只喜欢你，每天出门都把你带在身边。"而钥匙也埋怨道："我还羡慕你呢，可以每天在家里舒舒服服的，不用出门风吹日晒，过得多美啊！"于是又有一天，钥匙也想像锁那样待在家里过舒服的日子，便把自己藏了起来。主人锁上门外出回来后，怎么都找不到开锁的钥匙，一气之下就把锁给砸掉然后扔进了垃圾桶。后来主人找到了钥匙，却生气地说，锁都砸了，留着钥匙还有什么用呢？然后就把钥匙也扔进了垃圾桶。锁和钥匙又重逢了，它们在垃圾桶里同病相怜地感叹："唉！咱俩真是自作自受啊！我们之前在自己的岗位上，只知道相互嫉妒，相互埋怨，却不知道好好配合，友好合作，如今落得如此下场，真是活该啊！"

本该好好合作、互惠互利的双方，由于猜忌对方和眼红，最终落得两败俱伤，双双成了弃儿。人与人之间也是如此，只有相互合作，通力配合，互信互助，才能团结协作，共同进退，一荣俱荣，一损俱损。为了一已私利而相互争斗，破坏了合作关系，最终只能两败俱伤，谁也无法得利。

马和驴跟着主人一起外出，驴驮了太多东西感到很累，就请马帮它驮一些，结果马拒绝了。然后驴就累死了，之后主人把所有的货物都搬到马的背上，并且还加上了驴皮。马伤心地说道："都怪我，不愿意帮驴的忙，最后自己得驮上几倍的东西。"最后马也累死了。

马本以为拒绝了驴的请求，自己就可以轻松一点，可是结局却是自己和驴都被累死了。原本只需要帮驴驮上一点货物，它们就都可以轻松完成任务，可是由于马不懂得团结协作，结果它们双双累死。

看完这个故事，大家都会责备马的自私和愚蠢。但是在现实生活中，很多人都像马一样，不懂得分担与互利合作的重要性。在合作中，很多人担心自己吃亏，常常对合作对象进行猜疑与防范，将心思放在猜忌他人身上，而不是全心全意地尽力做自己分内的事，结果自己也不得人心，这样的合作结局要么是半途而废，要么是以失败告终。

运动场上的体育赛事，日常生活工作中的小事等，时时刻刻都在上演驴和马的故事。每个人的工作和生活都时时需要与人相处，不可能孤立存在。与人相处，就会存在合作。不管你是什么身份，从事什么行业，都要与他人一起生活，一起学习，一起工作，一起挑战，都避免不了与人合作。

互联互通

——如何打通合作者之间的关系

从古到今那么多友好合作的事例都告诉我们：互利是合作的结果，成功是互利合作的智慧。只有互信合作，互帮互助，同心协力，才能取得最终胜利。

李政道和杨振宁的互信合作，获得了诺贝尔物理奖；马克思和恩格斯的互信合作，铸就了著名的《共产党宣言》；抗日战争时期，国共两党的互信合作，取得了抗战的胜利……

驴和马的故事启示我们，历史的成功和教训告诉我们：一枝独放不是春，万紫千红春满园；一株独秀非英豪，繁茂的森林才能形成坚固的长城；一船独行算不上风景，千帆驶过才能彰显大海的波澜壮阔……

一天，五根手指闲着没事，就开始讨论谁最优秀。

大拇指说："咱们五个当中我是最棒的。我是最粗最壮的一个，而且无论赞美谁、夸奖谁，都会把我竖起来，所以我是最棒的。"

这时，食指站出来说："咱们五个我是最厉害的，谁要是犯了错误，有什么不对的地方，我都会把他指出来。"

中指也骄傲地说："看看你们一个个矮的矮，小的小，哪有一个像样的，只有我才是真正顶天立地的英雄。"

无名指更是不服气："你们都别说了，人们最信任的就是我了，你们看，当一对情侣喜结良缘的时候，都会把那颗代表着真爱的戒指戴在我的身上。"

又短又小的小指也打起精神说："你们都看我长得小是吗？当每个人虔心拜佛、祈祷求福的时候，还不是都把我放在最前面吗？"

其实每个人都有自己的长处与缺点，没有必要非争第一。只要能取长补短，相互合作，充分发挥自己的特长与作用，就是完美的。

总而言之，只有互利合作，才能成就梦想，获得成功。所以我们要摒弃自私自利的心理，学会互利合作，享受成功的喜悦。学会合作，生活才会更加多彩。

第四节　如何做到互惠互利

人生活在社会上，难免与他人发生各种关系，一个人是不可能脱离社会而独立存在的。社会本来就是由人与人之间的各种关系组成的，只有与人合作、能够团结协作的人，才更容易获得成就。

懂得合作的人，身边也会有很多的朋友，良好的人际关系可以帮助他完成很多事情。而不懂得合作的人，身边就缺少朋友，也会缺少社会资源，这样可以利用的人和资源就比较缺乏，一个人再有能力，也不可能靠一己之力获得太大的成功。

唐朝的郭子仪和李光弼曾经都是朔方节度使安思顺的属下，两人之间发生过矛盾，平时都不怎么说话。后来安禄山叛乱，郭子仪升任朔方节度使，李光弼就成了郭子仪的部将。皇帝命令郭子仪率部出征，李光弼担心郭子仪会利用职权寻机报复，就硬着头皮对郭子仪说："我过去得罪您，是我的不是，今后不管怎么处置我，我都没有怨言，只希望您高抬贵手放过我的妻儿……"李光弼话还没说完，郭子仪就紧紧抱住李光弼："国家遭难，百姓遭殃，正是需要你我同心协力的时候，现在怎么能计较个人恩怨呢?”从此，两人齐心协力，共同平息了安史之乱。

所以，我们要想获得成功，与其不择手段地与人竞争夺利，不如与人团结合作，谋求互利共赢，这样合作的力量越大，获得的利益越多，个人的利益也会得到最大化。

那么，我们要怎样做才能在合作中做到真正的互惠互利呢?

一个好的团队，要有共同的发展愿景、共同的奋斗目标，要有团队精神，除了这些，要想做到互惠互利，还应该做到以下五点：

1. 诚信为首，信誉为先

诚信是做人的一种基本道德，是一个人立足社会的根本，是人际关系的基础，是成功的通行证。

首先，要想与人合作，诚信是最基本的要求，没有诚信，没有信誉，没有人会愿意与你交往，更谈不上合作。只有有诚信的人，才能得到他人的信任，才会与他人进行实质性的往来。

信誉就是财富，在商业合作中，它可以给你带来源源不断的财富和运气，使你的各方面财富都不断增加。前提是，你必须有很好的诚信记录，你的信誉度决定了你能走多远，能获得多大成功。

个人要有诚信，才能得到他人的信任，才能获得成功；企业要有诚信，才能在商场上立于不败之地，才能得到长久的发展与壮大。

不管是个人还是企业，假如只图眼前利益，贪图小便宜，结果就会失去他人的信任，进而失去一个合作伙伴，也可能因此失去很多合作的可能。这就是丢了西瓜捡芝麻，得不偿失的行为。

保持诚信有时候可能会付出一些代价，但是一时的失利是为了日后获得更大的利益。诚信是一切合作的基础，付出再大代价也要保持自己的信誉。

小说《平凡的世界》里的孙少安，由于自己的砖窑出事了，不能按时生产出人家预定好的砖，他宁愿到处借钱，自己花高价买砖也要按时把砖给买家送到，这就是信誉。事实证明，他的诚信行为日后为他带来了更大更多的财富。

一位商人在临终前对自己的儿子说："你要想获得成功，必须做到两点，一是诚信，二是聪明。"

儿子问道："怎样做叫诚信?"

"假如你签了一份合同，但是后来发现这份合同可能会让你倾家荡产，但是即使这样，你也要继续履行合同。这就是诚信。"

"那聪明呢?"

"不要签这份合同，这就是聪明。"

万事要留心，不要做自己力所不能及的事。做事之前自己要想清楚，自己做不到的就不要轻易承诺他人，既然承诺了就一定要守信用，讲诚信。

2. 互信合作，团结共进

团结就是力量，单打独斗的英雄时代已经成为过去，只有互帮互助、同舟共济才能增强我们的优势，得到一加一远大于二的合作效果，更快更稳地获得成功。

在非洲的草原上，如果看见羚羊在拼命奔跑，那一定是狮子来了；如果狮子在奔跑，那一定是象群来了；而如果看见成群的狮子和大象在狂奔，那是什么来了呢？答案是蚂蚁军团来了。

大家肯定都听过这个古老的寓言故事。这个故事就是要告诉我们：团结就是力量。一个蚂蚁的力量小之又小，谁也不会把它放在眼里，但是成千上万的蚂蚁组成军团，那就是连狮子、大象等都避之唯恐不及的强有力的战队。

一个农夫有八个儿子，儿子们从小就打打闹闹，让他费尽了心思。很多年过去了，孩子们越来越大，农夫越来越老，但是几个儿子还是整天打打闹闹，一点都不懂事。老农夫担心儿子们这样下去，迟早会吃大亏。于是老农夫去找了村里最有学问的长老，向他请教教育儿子的好方法。

长老让农夫把他的儿子们都叫到一起，然后取出8根筷子，给一人递上一根，对他们说："你们用力地折断你们手中的筷子吧。"男孩们轻轻一用力就把手里的筷子折断了。长老又取出了8根筷子，用绳子把它们紧紧地捆在一起，对他们说："现在你们谁能折断这一捆筷子?"大儿子先抢过筷子，用尽全身的力气，脸都涨红了，这捆筷子还是完好无损，连弯都没弯一下。其他几个儿子也很不服气地试了试，没有一个人能把筷子折断。

农夫感激地看看长老，然后对他的儿子们说："孩子们，你们能体会到这里面的意义吗？你们整天争吵不休，每个人都只知道顾着自己，就像是一根根细细的筷子，很容易就会被折断。而8根筷子团结在一起都有了很大的力量，那么你们8个强壮的人要是团结起来呢？”儿子们听了父亲的话，终于明白了团结的力量，也认识到自己以往的行为是多么愚蠢。他们轻声地互相道歉，最后一起搀扶着老父亲回家了。

在团队中，一个人的力量也许微不足道，但是团队成员之间互帮互助、同心协力，劲往一处使，那么这个团队的力量可以是无往不胜的。而缺乏团结精神的团队，那就相当于一盘散沙，人心涣散，各自为政，那么这个团队的前景是非常堪忧的。

只要团队成员紧密团结在一起，同舟共济，那么再大的困难就都不是困难，再厉害的敌人都是纸老虎。只有团结一致，才能真正地互利。

3. 热心助人，互帮互利

在合作中，我们一定要做到热心帮助身边的每一个合作者。大家是一个团队，要有团队精神，你帮助了他人，他人自然也会帮助你，这样互帮互利，帮助越多，每个人成长得就越快，获得的利益也就越多。

既然是合作，我们一定要抱着互利的心态，不能自私自利，只图个人利益，自己想得到，也应该帮助身边的人一起得到。面对困境，就要互帮互助一起走出困境。如果你的合作伙伴没有得到成功，从某种意义上讲，你也就不可能得到成功。

有人不明白天堂和地狱的差别，上帝就先带他来到地狱。他们走进一个房间，看到一群人围着一大锅肉汤，每个人看起来都很饿，一个个瘦骨嶙峋的。他们每个人手上都有一只长勺，都可以够到锅里的汤，但是汤勺的柄太长，他们没办法把汤送到自己嘴里，于是一个个只能围着汤转圈，干着急却喝不到汤。

上帝又把那人带到另一个房间："你再看看天堂里的人是怎么做的。"这个房间里，也有一群人、一锅汤，一人一只长勺，但是大家看起来个个都胖乎乎的，吃饱喝足了正在唱歌呢。

那人不解地问上帝："为什么地狱的人喝不到肉汤，而天堂的人可以呢?"

上帝笑着说："其实很简单，因为天堂里的人，会拿自己的长勺去喂别人喝汤。"

拥有同样的条件、同样的工具，有些人就可以过得像在天堂一样，而有些人则把自己的生活经营得像在地狱一样。地狱的人只想着自己，怎么都喝不到肉汤，而天堂的人则互帮互助，用自己的勺子喂别人喝，那么自己同样也能喝到别人喂的汤。所以，是天堂还是地狱，其实都是自己的选择。

想要做到互惠互利，一定要做到热心助人，帮助团队里每一个需要帮助的人。你也有需要帮助的时候，你帮助别人越多，在你需要帮助的时候，得到的也会越多，这就是互帮互利。即便是竞争对手，有时候也可以携手合作，互帮互利，共享利润，共同发展。

成大事者不拘小节，心胸宽广的人更容易成就大业，而喜欢打小算盘的人一般成不了什么大气候。

4. 有效沟通，高效协作

做到有效沟通是互利合作中很重要的环节。很多团队成员之间产生误会的原因就在于没能做到有效沟通。所以，沟通是解决很多矛盾与问题的关键所在。

一个好的团队中，上级与下级，同事与同事，或者提供服务者与客户之间，都应该做到有效沟通，真实地表达自己的建议和意愿，这样才能排除误会，增进彼此的感情，减少摩擦，更有默契地配合工作，更高效地完成工作目标。

如果大家彼此之间心存芥蒂，相互防范，那么就不可能产生默契的配合，就会影响工作效率，甚至造成更大的不良影响。

5. 与成功人士合作

我们要学会与成功人士合作，要有与成功人士交往的勇气。人与人都是平等的，要敢于与有一定声望的成功人士交往，并要创造机会与成功人士交往。

善于与成功人士交往，这会大大推动你的成长和事业发展，将你的成就推向一个新的高度。

有人在采访比尔·盖茨的时候，问到他成功的秘诀。比尔·盖茨说："因为有更多的成功人士在为我工作。"

某成功人士说过这样的话："先为成功的人工作，再与成功的人合作，最后是让成功的人为你工作。"

所以要想更快地获得成功，我们一定要学会与成功人士合作。为成功人士工作，与成功人士合作，最后让成功人士为己所用，这个过程会很艰难，但是要想步步高升是需要付出代价的。这个过程中你也可以学习到很多东西，可以得到很好的锻炼。道路是曲折的，时间是漫长的，而一旦成功了，你的事业将更加辉煌。

与成功人士交往的过程中，要怀着感恩之心，对他人的帮助要铭记于心，适当的时候要记得报恩，这样我们既能获得成功，也可以很好地处理人际关系，自己也能活得更踏实。

一个优秀的团队能使我们心情愉悦，不断激发我们的创造能力，使我们不断进步，不断成长，不断成功。让我们一起来建造一个美好的团队，尽情地发挥我们的光和热，和团队成员之间同舟共济，共同实现互惠互利，共同创造财富实现梦想吧！

第五节　在竞争中实现互利合作

现代社会到处充满竞争，从孩子一出生，父母之间都会相互比较谁家的孩子长得好看、谁家孩子长得高、谁家孩子说话早、谁家孩子更聪明……上学了学习中要竞争，比赛中要竞争，毕业了找工作要竞争，工作了更是到处都存在竞争。

竞争带来了压力，带来了残酷现实，也带来了发展。通过竞争，新产品、新思维、新科技等不断产生，人类的生活也跟着不断进步。因此，竞争有利有弊，我们要学会在竞争中成长，在竞争中进步，在竞争中合作，在竞争中寻求互利。

可口可乐和百事可乐多年来一直是彼此强大的竞争对手，他们的宣传策略也不相上下，只要一方一有新动作，另一方就会立即做出反应。饮料界的两大巨头在竞争中都不遗余力，但是，多年来，二者却在激烈的竞争中都得到了很好的发展。可见，竞争也是一种动力，只有不断竞争，才能带来不断的生机和活力。

一个农民千方百计地买到了一种据说产量很高的玉米种子，邻居们听说后，想找他询问种子的情况，他害怕大家都去买了他就没有优势了，就没有告诉别人。没想到收获的时候，他的玉米并没有得到很好的收成，而是和邻居家的差不多。后来他才明白，他的优种玉米受了劣等玉米花粉的影响，造成了产量下降。他后悔不已，本想自己在竞争中可以占绝对优势，没想到却天不遂人愿。

其实，那个农民如果当初告诉邻居们买种子的地方，大家一起种植这种优质玉米，就可以实现互利，大家都可以得到大丰收。现在这样，结果他自己也没有得到好处。这就是双赢的智慧，以互利的角度来与人合作，往往会得到更好的结果。

有一年世界原油价格大涨，很多石油商家对东欧国家的石油输出量都略有增加，而石油大王哈默的石油输出量却明显减少，这让许多人都非常不理解。有记者找到了哈默，就这个问题请教他。哈默说了这样一段话："关照别人就是关照自己。那些总想在竞争中出人头地的人，如果知道关照别人需要的只是一点点的理解和大度，却能赢来意想不到的收获，那他一定后悔不迭。关照和理解是一种最有力量的方式，也是一条最好的路。"

有竞争并不意味着要舍弃合作，关照他人有时候就是关照自己。在竞争中合作，在合作中竞争，才能为大家都创造一个良好的竞争环境。哈默就是因为关照别人而赢得了市场。

在当今的市场竞争中，合作共赢已经成为大家普遍的共识。当然，这并不意味着我们要放弃任何一个竞争的机会。我们既要选择坚持在合作中竞争、在竞争中合作的原则，也要选择以轻松、自信的竞争心态来面对市场。

在激烈的社会竞争中，如果我们只知道竞争，那么我们注定会被淘汰，甚至会造成两败俱伤的结局。所以，我们要有双赢的心态，在竞争中合作，在合作中获得双赢。

1. 竞争与合作相辅相成

皇帝召集工匠建造宫室，木工和石工都想借此机会好好表现，于是暗地里竞争。木工师傅求胜心切，狠狠责罚了小徒弟。小徒弟为了报复师傅，将师傅的尺子偷偷截短了，结果最终做成的木料也都短了。这些木料都是从远方购买的，一时无法补充，木工知道自己大难临头了。这时石工想到了解救办法，他将木柱下面的石墩墩面由平整的改为凸起的，这样就弥补了木柱的短缺。最后，宫室如期建成，木工全家免于一难。

木工原本是石工的竞争对手，但是面对木工的困境，他并没有落井下石，而是帮助木工一起解决了困难，帮助木工脱离了灭门之灾。这就是双赢。

在生活中，竞争与合作往往都是这样相辅相成的。竞争之中也会有合作，合作才能实现互利共赢。

竞争并不意味着一定要争得你死我活，合作是竞争的根本目标，在竞争中合作，同样可以实现双赢。

由于沙丁鱼在运输过程中容易死亡，人们就把鲇鱼跟沙丁鱼放在一起，沙丁鱼受到鲇鱼的威胁，就拼命游动，这样就不会因缺氧而死。这就是著名的鲇鱼效应。

有了竞争，才会有发展的动力。竞争让我们认识到自己的缺点和不足，我们才会努力克服缺点不断进步。

身高两米多，这是姚明的优势。但是他身体条件比较差，弹跳、肌肉强度等方面，都不如其他的NBA球员。为了不让自己落后，他每次都要提前练上两个小时的体能。在竞争中锻炼自己，可以使自己更好地成长。

竞争中也可以实现合作，竞争与合作互利共生，相辅相成，合作才能实现互利共赢。

2. 在竞争中合作求双赢

这里同样是农夫的故事：

美国的一个小镇上，经常举办优秀南瓜大赛，一个农夫经常是头等奖的得主，而他在获得头等奖之后，却总把得奖的南瓜种子送给邻居们。有人不解地问："你们是竞争对手，你为什么要把种子送给他们呢?"

农夫说："蜜蜂会四处传播南瓜的花粉，如果邻居们种普通的南瓜，那么我的南瓜质量和产量也都会受到影响，所以我送种子给他们，帮助别人的同时其实也是在帮助我自己。"

这就是在竞争中合作。农夫的南瓜质量提高了，小镇上所有人的南瓜质量也都跟着提高了，这就是双赢。百花齐放才能演绎春天的姹紫嫣红，百帆竞发才能显示大海的波澜壮阔，百人合奏才能奏出激昂的乐章。

如果我们只知道竞争，就会相互伤害，相互淘汰，谁也不可能永远得利，总有战败的一天。所以我们要在竞争中相互合作，相互帮助，这样才能互利互惠，得到更多的利益。

水泊梁山 108 位好汉，个个勇猛无敌，身怀绝技，但是仅凭个人的力量他们还是无法在社会上很好地生存。投奔宋江之后，大家齐心协力，相互合作，然后这个团队便战无不胜，所向披靡。这就是合作的力量。

下过跳棋的人都知道，6 个人互相都是竞争对手，大家彼此都想先人一步，将自己的玻璃球尽快跳到预定的终点，谁先到达谁就获胜。如果你只讲求合作，放弃竞争，一味地为别人搭桥铺路，那别人会先到达目的地，你就会落后于人，最终失败。相反，如果你只注意竞争，而忽视合作，一心只想拆别人的台，反而延误了你自己的行程，那你也是不会获胜的。所以，只有知道在竞争中合作，在合作中竞争，懂得把握先机，才能获得最后的胜利。

在商业竞争中，各个企业也会有分工合作。一个企业不可能生产所有需要的产品，各个企业也不可能生产一样的商品。所以很多商家就会进行分工合作，将一个产业链进行拆分，然后进行组合和调整，这样就会以更高的效率创造更多的效益。

竞争是很重要，但是只知道竞争不知道合作，我们就会失去很多东西，也会与成功擦肩而过。竞争可以促进我们成长，但是也会带来很大的压力。所以要学会在竞争中合作，从而谋求互利双赢，也可以在更轻松的环境下谋得更多利益。

3. 怎样在竞争中求得互利

在激烈的竞争中，怎样才能通过合作创造双赢的局面呢？

所谓双赢，所谓互利，并不是非要打成平局，而是都要获得胜利。不管是赢的一方，还是输的一方，都可以获得利益，这就叫互利，就叫双赢。

想在竞争中谋得双赢，首先要有长远的眼光和宽大的胸怀。不能只顾自己的眼前利益，不愿意与他人分享自己的成功，害怕竞争对手也获得利益，这样的心胸是永远不可能做到合作双赢的。

有人觉得同行就是冤家，你死我活，其实不是这样的。有双赢智慧的人会认为同行是一家，会懂得联合竞争对手一起谋得更大的互利。

在我国乳制品行业，伊利和蒙牛无疑是最大的两个竞争对手，而且他们都来自内蒙古。但是他们却可以做到在竞争中共同发展，共同谋求了内蒙古乳品行业的发展。蒙牛的创始人牛根生就认为，只要是正当的竞争，最终的结果往往是双赢甚至是多赢，而不一定是你死我活。面对蒙牛，伊利的发展战略是“双赢和倍增”。而蒙牛最初的广告语是：“向伊利学习，为民族工业争气，争创内蒙古乳业第二品牌。”后来又打出“建设我们共同的品牌——中国乳都·呼和浩特”的户外广告。这就是典型的在竞争中共赢。

双赢的智慧，是指要有在竞争中合作的意识以及善于发现并抓住机遇的能力，两者缺一不可。竞争中不一定要争输赢，也不一定非要让着对方，要认真地对待竞争与合作，在竞争中不断成长，在合作中求得互利，在竞争与合作中共同发展。双方都获利，都可以得到长足的发展，这才是最好的结局。

IBM 公司最初研发出了个人电脑的模板，但是却没有合适的软件来运行。微软公司便抓住了机遇，及时地与 IBM 合作，开发了操作系统 DOS。当时，微软只是一个刚成立的小公司，IBM 也还不够强大。此后，微软成为电脑软件行业的老大，IBM 也成为电脑硬件领域的巨头。抓住机遇在竞争中求合作，双方都得到了很好的发展，这便是双赢的智慧。

在当今与时间赛跑的社会，竞争、合作都必不可少。在竞争中求互利，是一种伟大的智慧，也是人类生存发展的共同需要。

一个“魔术师”来到一个村庄，他向大家说道：“我有一颗汤石，如果把汤石放进开水里，就会马上变出美味的汤来。我现在就可以煮给大家喝。”有人立马找了一个大锅，有人提了一桶水倒进去，架上炉子点上火，就在广场上煮了起来。

水开了以后，“魔术师”小心地把汤石放入开水中，之后他尝了一口说道：“太美味了，如果再加入一点洋葱就更好了。”有人马上就跑回家拿了洋葱回来。“魔术师”又尝了一口说：“太棒了，如果再放些肉片就更香了。”又有人跑回家端了一盘肉过来。

“再有一些蔬菜就完美无缺了。”就这样，在“魔术师”的忽悠下，有人拿了调料，有人拿了各种菜。最后，大家一人一碗汤，蹲在广场上幸福地享用着，他们发现，这真的是天底下最美味的汤。

其实，那个“汤石”只不过是“魔术师”在路边随手捡起的一颗普通的石头而已。但是，他还是煮出了最美味的汤。其实，每个人都可以煮出这样一锅美味的汤，只要你能做到让大家团结协作，众志成城，那么，想做什么都不在话下。

只有在竞争中合作，在合作中竞争，同发展，共谋利，才能做到最好。

第五章　沟通，合作的促进

与他人进行有效的沟通，并且赢得他们的合作，这是那些要使自己事业上升的人们应该努力培养的一种能力。

——戴尔·卡耐基

企业管理过去是沟通，现在是沟通，未来还是沟通。

——松下幸之助

两个天使在旅行，他们先是借宿在一个富有的家庭，这家人对他们的态度不是很友好，没有让他们在客房过夜，而是让他们住在了冰冷的地下室。在他们收拾床铺时，年龄大一点的天使发现墙上有个洞，就随手把洞给修补好了。年轻的天使问他为什么要给他们修墙，年龄大点的天使只说："有些事并不像你看到的那样。"

第二天晚上，两个天使又来到一个贫困的农家借宿，夫妇俩对两位天使非常热情，把所有的食物都拿出来款待他们，还让出了自己的床铺给他们睡。第二天一早，两个天使发现农夫夫妇俩正在伤心地哭着，因为他们家的一头奶牛死了，那是他们唯一的生活来源。年轻的天使非常生气，他就问年龄大一点的天使："为什么要这样？那个家庭什么都有了，还那么吝啬，你还帮他们补墙洞；这个家庭什么都没有，还那么善良热情。你为什么不管老牛的死活？"

年长天使回答道："很多事并不像你看到的那样。我们在地下室过夜的时候，我从墙洞里看到墙的里面堆满了金块。因为那家的主人的贪欲比较大，我不愿意让他们来分享这笔财富，所以我才把墙洞填上了。昨天晚上，死亡之神来召唤农夫的妻子，我就让奶牛代替了她。所以有些事并不像看上去那样。"

有些时候事情并不像我们眼睛看到的那样，事物的表面很多时候并不是它实际的样子。只有有效地沟通才可以明白事情的真相，也可以让自己改正在某些方面的错误。

第一节　沟通是合作的开始

所有合作都是从沟通开始的，好的沟通是合作成功的一半。好的沟通可以大大增加合作的成功率，而坏的沟通则大大增加合作的失败率，甚至使合作尚未开始就夭折。

从人类诞生到现在，其生存和发展都离不开人与人之间的相互沟通与交流。沟通可以促进人与人之间的交流与合作，帮助人们在社会上更好地生存与发展。没有沟通，就没有交流，就没有合作，就不会有现代社会的发展与繁荣。

有效的沟通是我们迈向成功的第一步，在现代竞争激烈的社会环境中，我们要学会与他人进行有效的沟通与合作，从而使我们在生活、学习、工作等过程中都可以做得更好。

沟通是指人与人之间通过语言、肢体动作、表情、眼神等方式相互传递信息、表达观点、交流感情等的一种表达方式。在我们的日常生活中，沟通无处不在，它伴随着我们生活的方方面面。

自古以来，人与人之间一直就存在着相互沟通，相互合作。而随着的社会的高速发展，信息量越来越大，信息的传播速度越来越快，对人与人之间沟通和交流的要求也就越来越高。人们迫切地需要快速准确地表达自己的思想与情感，也需要更快速有效地明白别人的表达。这就需要有效的沟通。

只有有效的沟通才能真正达到交流的目的，才能促进合作的开始与成功，才能在合作中正确地表达自己，让他人明白自己，与他人达到心有灵犀，形成默契，达到最后的成功。反之，如果没有有效的沟通，一切合作都只能是空谈。

一天，王某出差去拜访一位做高档红酒包装的客户，一位工作人员接待了他，两人聊了一会儿之后，对方的老总过来了，于是双方就开始进行合作前的沟通。

而王某问到包装用的材料时，老总就问身边的工作人员之前怎么没有发图片给王某，王某连忙解释说，他路过这里就直接过来拜访了。

王某连问了几个问题，都没有得到正面的回答，那位老总反而表现出很不耐烦的样子，语气越来越不客气，最后竟然发起火来，说王某问题太多，沟通起来费劲。

之后王某就收拾东西站起来要走，他对那位老总说道："有效的沟通是合作的开始，今天我们没必须要再谈下去了。"

是的，有效的沟通是合作的开始。前期沟通都这么不愉快，那么也就谈不上合作了。即使合作了，过程中没有有效沟通，合作起来也不会愉快，更不会有好的合作效果。

所以说，有效沟通是成功合作的金钥匙。有了有效的沟通，才会有有效的合作；有了有效的沟通与合作，才会打开真正的成功之门。

一家国际公司的分公司招聘市场人员，由于待遇丰厚，前来应聘的人非常多。经过层层筛选后，仅有九个人通过初试。

复试中，九个人被分为三组，分别去调查不同的产品市场。公司给他们每人都发了一份调查资料作为参考，要求他们三天后交出市场调研报告。

三天后，九个人都把自己的市场调研报告交了上来，总经理看完后，站起身走向其中一组的三个人，与之一一握手后告诉他们："恭喜你们，你们已经被录取了！"

其余两组的六个人面面相觑、疑惑不解，不知道他们的报告差在哪里了。总经理笑着让他们打开公司发给他们的参考资料，互相交换着看看。

原来，他们每个人拿到的资料都是不一样的，而同一个组的三个成员拿到的资料都是互补的，三份材料组合在一起，就可以得到一份比较完整的调研报告。而被录取的那组，便是相互分享了自己的资料，并结合了别人的资料进行了信息组合，很快就把报告做出来了，剩下的时间就到市场上确认了一遍，然后加上点自己的分析。这样的行为是具有合作精神的，也是很有工作效率的。而其他两组则各自行动，谁也没有跟其余组员沟通分享，完全没有沟通意识和团队精神，根本没有任何合作。

总经理说："这项测试的目的就是想看看大家的沟通意识与合作精神，而你们没有沟通，没有合作，要知道，善于沟通合作的团队精神才是现代企业所需要的。"

在企业里，员工与员工之间、上下级之间的沟通都是非常重要的。有了沟通，大家才能达成共识，才能劲往一处使，共同完成工作任务。有了沟通，大家之间才能互通有无，解除很多误会和矛盾，同事之间的关系也会更加和谐，团队内部的环境也会更加宽松愉悦。

如果没有有效的沟通，不能相互交流，互帮互助，那么工作效率就会大大降低，会造成时间和资源上的浪费，这对团队而言是很大的损失。

可见，有效沟通不但是合作的开始，也是合作过程中的重要环节。我们一定要学会有效沟通，有效合作。

第二节　有效沟通的意义及重要性

有效的沟通，就是人们通过各种方式，在与他人交流时准确地将自己的信息、思想、情感等表达出来。

这是人在日常的生活和工作中都必须要具备的一种展现自我的能力，是管理者和普通员工都必须掌握的一种素质。

小林出差的时候在宠物店里看到一条小狗，觉得很可爱，就把它买了下来。晚上回家，他给二姐打电话，说他买了一条博美犬，二姐非常高兴，兴高采烈地问狗狗是什么颜色，有多大，是不是很可爱。

一会儿，大姐又打电话来，在聊天时，小狗突然叫起来，大姐就问他买狗了吗。她接下来的反应是：狗会不会很脏啊？会不会咬人啊？有没有打预防针啊……

同样是一条狗，在不同的人看来，就是完全不一样的着眼点。大姐和二姐的反应差别就非常明显。二姐从小就喜欢狗，所以一听到买了狗，她大脑中的第一反应就是一条很可爱的小狗的形象。而不喜欢狗的大姐反应更多的是担心，担心会不会给我们的生活带来很多麻烦，担心会不会传染病菌等。

同一件事情，每个人的理解都是不同的，有的甚至会截然相反。在我们的日常生活中，人与人之间的沟通其实也是这样的。你的一句话，可能在不同的人听起来表达的意思是不一样的，甚至还可能理解成相反的意思。所有很多时候你以为你把话说清楚了，但是或许别人根本就没有完全理解你的意思。这样我们就没有做到有效沟通，沟通的效率和效果就受到很大影响。

所以我们在与人沟通的时候，要仔细表达自己的意思，同时要多站在对方的立场上去考虑一下对方的感受，还要多问几个问题，多点耐心，多讲解一些，做到真正的用心沟通，有效沟通。

学会有效沟通，善于掌握沟通技巧并巧妙运用它，会给我们带来许多意想不到的收获，会给很多合作带来事半功倍的效果。

1. 有效沟通的意义

有一个美国农村的老头，他有三个儿子。大儿子和二儿子都在城里工作，只有小儿子和他生活在一起。突然有一天，一个人对老头说："老人家，我想把您的小儿子带到城里去工作，您看行吗?"

老头生气地说："不行，绝对不行，你滚出去吧!"

这个人说："如果我在城里给您的儿子找个对象，可以吗?"

老头还是摇摇头："不行，你走吧!"

这个人又说："如果我给您儿子找的对象，是洛克菲勒的女儿呢?"

老头瞬间心动了。

过了几天，这个人找到当时的美国首富石油大王洛克菲勒，对他说："尊敬的洛克菲勒先生，我想给您的女儿找个对象，可以吗?"

洛克菲勒说："不行，快出去吧!"

"如果我给您女儿找的对象是世界银行的副总裁，您觉得可以吗?"洛克菲勒同意了。

又过了几天，这个人找到了世界银行总裁，对他说："尊敬的总裁先生，您应该马上任命一个副总裁。我给您推荐一个吧。"

总裁先生说："我这里有这么多副总裁，为什么还要任命一个副总裁呢，而且还马上?"

"如果您的这个副总裁是洛克菲勒的女婿，您看可以吗?"

总裁先生同意了。

这个故事向我们展现了沟通的力量。沟通时要有信心，要有技巧，要说到别人的心坎上去，这样才能达成有效的沟通。而有效的沟通可以帮助我们做成很多看似不太可能的事情。

沟通无处不在。如果我们的生活或合作中缺少沟通，就会存在很多误会，甚至会产生很多啼笑皆非的事情。让我们先来看两个小故事吧。

有一对恩爱的夫妻，每次吃鱼的时候，丈夫都会抢着吃鱼头和鱼尾，妻子也会把鱼头和鱼尾特意留给丈夫吃。

几十年过去了，一天，年迈的夫妻俩一起散步，丈夫突然说："我吃了一辈子的鱼头和鱼尾，我好想吃鱼肉啊！”妻子听了以后很惊讶地问：“你不是喜欢吃鱼头和鱼尾吗？其实我很想吃鱼头、鱼尾，但是以为你喜欢吃，就特意留给你了。”结果夫妻俩都哭了。

他们的眼泪里有感动，也有遗憾与无奈。原来，丈夫为了把鲜美的鱼肉让给妻子吃，就抢着吃鱼头和鱼尾。而妻子很喜欢吃鱼头和鱼尾，但是看到丈夫那么喜欢吃鱼头鱼尾，也就每次都把喜欢的留给了丈夫。结果两人都各自吃了一辈子不喜欢的。这就是两人没有进行好好的沟通，结果却造成了一辈子的误会与遗憾。

小林为了参加第二天的毕业典礼，特意上街买了条裤子，但是裤子长了两厘米。吃晚饭的时候，小林说了自己买的裤子长了两厘米，当时奶奶、妈妈、嫂子都在场，但是谁也没有说话。妈妈临睡前想起儿子的裤子，于是悄悄把裤子剪掉了两厘米。半夜醒来的嫂子突然想起小叔子的裤子，就爬起来将裤子剪掉了两厘米。老奶奶大早上起来做饭的时候想起孙子的裤子还长着两厘米，就在做饭之前帮孙子处理了裤子。最后小林只能穿着短了四厘米的裤子去参加毕业典礼。

由于奶奶、妈妈、嫂子三人之间没有进行沟通，都各自悄悄地把小林的裤子剪了两厘米，结果本来只是长了两厘米的裤子却变成短了四厘米。这就是缺乏沟通的后果。

生活中缺乏沟通，造成的大多数后果还不是很严重。如果合作中缺乏沟通，有时候就会造成无法挽回的大损失。

耕柱子是墨子的得意门生，但是他却经常受到墨子的责备。又一次，墨子又严厉地批评了耕柱子，耕柱子觉得非常委屈。因为在墨子的众多门生中，大家都公认耕柱子是最优秀的。耕柱子想不通，就去问墨子："老师，我是不是很差劲啊？在这么多学生中，就我受到您的责骂最多。"

墨子没有回答，反而平静地问他："假如我现在要去太行山，你觉得我是要用良马来拉车，还是用老牛来拉车呢？"

"当然是用良马了！"耕柱子回答。

"为什么要用良马，不用老牛呢？"

耕柱子说："因为良马有能力担负重任。"

墨子说："你既然明白这个道理，为什么就不明白我的苦心呢？我之所以经常责骂你，也是因为你能够担负重担，值得我用心教导你。"

耕柱子听了墨子的话，心里立马就释然了。

不管是生活中还是工作中，我们一定要经常沟通、善于沟通，只有沟通到位了，才能做到互通有无，避免误会与遗憾。

2. 有效沟通在团队合作中的重要性

小郭刚顺利完成一个项目，高高兴兴地回到公司，立马就被主管叫到了办公室。主管问他："小郭啊，今天业务进行得还顺利吧？"

小郭兴奋地说："嗯，非常顺利，主管！我详细地向客户解释说明了我们产品的性能和优势，让他们了解到我们的产品是最适合他们的，而且价格也非常合理。他们就接受了，我顺利地卖出去了一百台。”

“嗯，不错!”主管赞许地说，“但是你完全了解过客户的情况吗？他们的反应如何，有没有考虑到一些售后的情况？不会出现问题吧？如果他们退货了，这会对我们的业绩和士气造成很大的影响的。这些你都了解清楚了吗?”

“我了解得很清楚啊!”小郭的表情立马僵硬了，“我先通过网络和朋友的介绍提前了解了他们的信息，然后联系他们公司，到现场去沟通，而且我出去之前也跟您打过报告了啊!”

主管看到小郭的反应，不自然地说：“别激动嘛，小郭，我就是出于关心想多了解几句。”

“关心？我看您是对我不放心吧!”小郭不满地说道。

这个事例中的小郭和主管就没有做到有效的沟通。主管关心下属的业务，却被下属认为是怀疑自己的能力，对自己不放心。小郭觉得受到了质疑，所以对主管很不满。这也是主管的沟通问题，对于有能力的员工，不需要对他的工作进行过多的干涉，这样反而会影响员工的心情与工作动力。而对于能力低下心态不好的员工，适当地沟通之后，如果没有改变，就要对其进行实质性的处理了。但是不管对于哪种员工，在沟通时都要注意自己的说话语气和沟通的技巧，要站在员工的立场上考虑一下员工的感受。

而小郭的表现也有点小心眼，不够宽容大度，所以就引起了彼此之间的误会。其实主管的出发点是好的，可能沟通方式上有点欠妥让小林觉得不舒服。但是对待上司，还是要做到尊敬的，上司询问工作的问题也是工作的职责所在，小郭的表现有点过激了。他应该以平和的心态来看待这次对话，用宽容的心态来理解领导的用心，耐心地与领导进行沟通。如果动不动就产生逆反心理，那么就没办法做到有效沟通，工作也就没办法顺利进行，跟同事之间也无法很好地相处。

在现代企业中，管理的过程很大程度上就是沟通的过程。有效沟通是团队发展过程中的一个重要环节和主要手段。合作从沟通开始，在沟通中进行，也在沟通中结束。

(1) 有效沟通，有利于团队的建设与决策。一个团队要想取得成功，就要获取大量的相关信息，如自身发展情况、市场反应情况、同行信息分析、竞争对手情报分析，等等，然后根据这些信息来进行进一步的战略决策与部署。而这些信息的获得，都是通过与团队成员之间的有效沟通来完成的。所以，只有团队成员之间做到最有效的沟通与合作，团队领导者才能获得最全面最有效最真实的信息，也才能进一步做出最准确最决断最有利的战略部署，以便更好地完成下一阶段的目标。

(2) 有效沟通，有利于提高工作效率。团队成员之间需要相互配合，相互协调，才能更好地完成工作。通过有效的沟通，团队成员之间可以相互增加了解，配合和调动起来更加默契，工作效率自然就会得到提高。

(3) 有效沟通，有利于增强团队凝聚力。通过团队内部的有效沟通，团队成员以及领导们可以及时了解每一个人的想法和要求，以便及时地鼓励、表扬，或者是帮助其改正错误。这有助于团队成员之间相互增进了解，进行互帮互助，帮助大家少走弯路，也可以提高大家的工作热情，增强大家的团队凝聚力和向心力。另外，积极有效的沟通有助于大家消除误会与矛盾，打造和谐宽松的工作氛围，营造良好的人际关系和组织氛围，大大提高员工的士气，达到有效合作。

有一个妇人，特别喜欢因为一些日常琐碎的小事而生气。她知道自己这样不好，但是就是控制不了自己的情绪，便去找一位高僧为自己谈经说道，开阔心胸。高僧听了她的讲述，一言不发地把她带到一间禅房中，锁上门就走了。妇人气得跺脚大骂，骂了许久，高僧也不理她。妇人又开始哀求，高僧仍然置若罔闻。

等到妇人终于沉默了，高僧来到门外，问："你还生气吗?"

妇人说："我只为我自己生气，我怎么会到这地方来受这份罪?"

"连自己都不肯原谅的人怎么能心如止水?"高僧拂袖而去。

过了一会儿，高僧又问她："还生气吗?"

"不生气了。"妇人说。

"为什么?"

"气也没有办法呀。"

"你的气并没有消，还压在心里，爆发之后会更加剧烈。"高僧又离开了。

高僧第三次来到门前，妇人告诉他："我不生气了，因为不值得气。"

"还知道值不值得，可见心中还有气。"高僧笑道。

眼看就要夕阳西下，当高僧再次立在门外时，妇人问高僧："大师，什么是气?”

高僧打开门放妇人出来，将手中的茶水倾洒在地上。妇人看了很久，顿悟之后，道谢而去。

真正的不生气就像倾洒出去的茶水一样，干净彻底地离开茶杯。做个心胸宽广的人才是明智之举，生气只会伤害自己，对别人没有丝毫的害处。

在职场工作中，沟通是一件很重要的事。不管是对上司、下属、同事还是客户，都需要有良好的沟通技巧。在职场中，难免会碰到许多不如意的事情，也会遭遇很多挫折，这时我们就需要做好自我沟通，做好自我心情的调节，不能自暴自弃，或者只顾着愤怒生气。

第三节 有效沟通的前提条件

李伟是一名小学四年级的学生，他活泼可爱，也很爱运动，但是却不怎么会和别人交往。上课的时候，他经常捣乱，对所有教过他的老师都表现得很不友好。李伟的父母得知他不喜欢这几个老师的教育方法，所以经常在课堂上故意捣乱。但是李伟父母知道了孩子的想法后并没有及时地和老师沟通，结果老师就对李伟的表现越来越反感，也导致李伟的自信备受打击，对老师也越来越仇视。

其实很多孩子的内心都是非常有主见的，他们的异常表现往往都是有原因的。无论是家长还是老师，都应该学会主动跟孩子沟通交流，了解孩子内心的真正想法，从而帮助孩子找回自信，改掉坏的毛病，健康快乐地成长。

在我们日常与人的沟通中会存在很多不可控的因素，从而造成对有效沟通的障碍，所以在沟通中需要尽量克服各种障碍与困难，达到有效沟通，及时解决问题。要想达到有效沟通，必须具备一定的前提与条件。

1. 存在的沟通障碍

(1) 团队合作中存在沟通障碍。在团队合作中，好的管理者、合理的组织结构等都有利于有效的信息沟通。但是如果团队组织结构过于庞大，中间层设置太多，再加上各层领导不作为的话，就会造成信息传递过程中的失真，也会严重影响沟通的实效性与有效性，从而影响合作效率。

沟通能力主要受个人的性格、情绪、心理素质、知识水平、理解能力和语言表达能力等的影响，这些因素都有可能成为沟通的障碍。

田中是一个日资企业中的日本员工，他担任制造部门的经理。田中一来到中国，就对这边的制造部门进行改造。他发现现场的具体数据很难及时反映上来，这样他就不能及时了解情况，于是他决定从生产报表上开始改造。

他借鉴了日本总公司的生产报表，设计了一份非常完美的生产报表，报表中可以显示出很多细节性问题。他拿这份生产报表让下面的相关人员认真填写，每天早上，他都能收到所有的生产数据。田中很高兴，认为他掌握到了准确又详细的第一手资料。

直到出现了一次重大的产品事故后，他才知道报表上的数据都是工人随意填上去的，因为从报表上他根本没有看出过问题。之后，田中多次找工人开会，强调报表的重要性，让他们认真填写，但是效果都不大，田中怎么也想不通问题出在哪里。

田中遇到的问题是企业经理人经常会遇到的，因为现场的操作工人是很难理解田中的，那些枯燥的数据在他们看来，只会加重他们的工作负担，而且因为他们看不懂，所以根本理解不了数据的重要性。在工人们看来，他们只需要好好干活，顺利拿工资就可以了。不同的人的职位不一样，所站的高度不一样，想法也就完全不一样，所以田中不理解这些工人，工人们也理解不了田中。单纯地开会、强调，效果是不会好的。后来，田中把生产报表和业绩奖金挂钩，工人们才意识到认真填写报表与他们的切身利益相关，才开始真正认真起来。

在沟通中，要多站在别人的立场上去考虑问题，对方到底关心的是什么，只有用心沟通，深入别人的内心，这样的沟通才会起到相应的效果。

(2) 与周围人之间存在沟通障碍。身边的家人、朋友，也就是生活中相处的交往对象不擅长、不喜欢或者不愿意沟通，或者彼此间有隔阂、没有共同语言等，都会造成有效沟通的障碍。

一个秀才去买柴，他对卖柴的人说："荷薪者过来！"卖柴的人听不懂"荷薪者"三个字，但是听懂了"过来"两个字，就把柴担到秀才面前。秀才问他："其价如何？"卖柴的人听不太懂这句话，但是听懂了"价"这个字，于是就告诉秀才价钱。秀才接着说："外实而内虚，烟多而焰少，请损之。"卖柴的人因为听不懂秀才的话，担着柴走掉了。

我们平时与人交流最好用简单、易懂的话来传达自己的意思，有时加上一些人为的修饰反而达不到预想的目的，而且对于说话的对象、时机都要有所掌握。

面对同样的问题，每个人的认识都会不同。我们不能简单地认为所有人都和自己的认识、看法一致。对待不同的人，我们要采取不同的沟通模式，要用别人听得懂的语言进行沟通。

2. 实现有效沟通的前提

（1）个人要有好的心态。在沟通时，双方一定要保证有良好的心态。因为心态决定着一个人的心情、头脑、沟通状态，等等。在沟通时，双方都要保持清醒的头脑，以最好的状态来进行沟通，这样才能保证沟通的有效性，才能保证合作的顺利进行。

（2）要有好的出发点。在与人沟通中，要有好的出发点。首先，双方都要抱着友好合作的态度来沟通，沟通就要有沟通的效果，友好地沟通才能促成良好的合作关系。然后，在沟通中要注意他人的情绪和需求，要表现出对沟通对象的关心，多考虑对方的处境与难处，这样才能进行更好的有效沟通。

林静是一家广告公司的总经理，该公司与电视台签订了合同，共同承办一个电视栏目。为了这个新的项目，公司寻找了一个新的合伙人。这个合伙人能力很强，但是缺点也很明显。林静与新的合伙人在工作上有时会产生一些分歧。

一天，林静由于修改了合伙人的方案，他们产生了一些争执，而林静一生气，随口就说了句“不行就散伙吧”。合伙人没说什么直接走了。从那以后两人的矛盾就越来越深，合作起来越来越难受。

很长一段时间后，两人再次谈话，合伙人对林静说，她那天说的“散伙”两个字在他听来特别刺耳。林静这才意识到，自己的说话方式不恰当，从而影响了沟通。

在与人沟通中，要认真考虑对方的感受，要考虑到自己的话会给别人造成什么样的感觉，不能只顾自己心里痛快就乱说话，要选择对方能接受的方式和语言进行沟通。否则，使用了对方无法接受的语言或方式，就会给对方心理造成很大的阴影，也会给彼此间的沟通造成更大的障碍，不利于有效沟通与交往合作。

(3) 有效沟通需要一定条件。有效沟通很重要，但是要达到有效沟通往往没那么容易。想要达到有效的沟通，必须具备以下两个条件：

第一，传达的信息要准确无误。

信息的传达者要保证自己所传递出来的信息是准确无误的，并且要保证自己的表述方式清晰、恰当，这样信息的接收者才能更好地理解，并且再次准确地传达出去。如果传达者表述不清，让人误会，或者含糊其辞，那么这条信息就不能被很好地理解，这就降低了沟通的有效性，甚至造成无效的沟通，这就有可能导致合作的失败或者成本浪费。

第二，对所传达的信息进行及时修正。

信息的传达者在传递信息的同时，要随时观察接收者的反应，根据其反应来判断他的理解正确与否，以便及时地对信息进行修正或补充。信息发送者在发送信息之后，接收者会有一定的反应，或是情绪反应，或是会表达一些对信息的看法和态度，这时发送者要根据这些反馈来进行适当的肯定、更正或者补充自己所传达的信息，以保证信息的准确性。双方的沟通意见达到一致，才可以算得上是有效的沟通。

第四节　有效沟通的方法与技巧

认识到了有效沟通的作用与重要性，那么我们在实际生活中怎样才能实现有效的沟通与合作呢？

要实现有效沟通，就要用心与他人交流，好的沟通方法与技巧可以使沟通与合作达到事半功倍的效果。

1. 实现有效沟通与合作的方法

(1) 双向沟通，互通有无。双方在沟通过程中要产生互动，保证信息的双向反馈，比如双方要不断交流、问答、协商等，针对沟通的信息有什么问题的话最好当面解决。这样有利于信息沟通的准确性、有效性与即时性，也有利于增加沟通双方彼此间的感情，加深彼此的了解，促进进一步的合作交流。

(2) 正确看待并有效解决文化差异。人与人之间会存在各种各样的差异，由于生活的环境不同、文化程度不同、性别不同等因素，在沟通过程中也会产生交流方式、思维逻辑、语言语气等的差异，我们在沟通交流中要正视这些差异的存在，努力做到求同存异。由于文化的差异，双方看待事物的观点可能会完全不同，这时就需要沟通双方做到平等待人、相互尊重，耐心地考虑对方的立场及看法，争取达到思想的统一，这也是沟通过程中需要注意的重要事项。

(3) 友好沟通，责任共担。沟通交流是双向的过程，双方都希望达到有效的沟通目的，都希望被对方很快理解，也希望准确理解对方的意思。因此，在沟通过程中，双方要尽量言简意赅，用最简单的表达方式将自己的信息与意见准确地表达出来，以免拖泥带水，影响对方的理解与判断。双方都要及时对对方提出的信息或问题进行反馈，以确认或修正对方的理念。还要注意好自己的情绪，避免感情用事，给有效沟通造成不必要的障碍。这是沟通双方都应该承担的责任。

(4) 要学会妥协与退让。在沟通中，我们要学会适当的妥协与退让。无论什么层次的沟通，国家与国家之间的沟通、公司与公司之间的沟通，以及个人之间的沟通等，其实都需要双方学会做到一定的退让。因为在沟通里，原则上是要讲究平等的，但是，由于每个人、每个集体的情况都不一样，沟通的方式也不一样，最终一般会产生一些不平等的因素，为了在一些重要的方面达到意见一致，这时候就需要有人做出妥协。

杰克是一家软件公司的经理，他们公司的产品质量非常好，但是由于规模比较小，公司的营销能力上有点不足，他们的订单一般都是通过一些咨询公司、培训公司等渠道来获得的。杰克认为，这些渠道只是帮助他们提供一些公司需要的市场信息，真正要谈下项目还是得他们自己出马，于是每次在跟这些单位沟通的时候，他总是据理力争、寸步不让，时间一长，这些单位与公司之间的矛盾越来越深，给他们提供的信息就越来越少，他们的经营就越来越艰难。

由于杰克不愿意妥协、退让，导致在沟通上与合作单位出现矛盾，给公司的经营造成严重的影响。在沟通中，要在保证自己的原则底线的基础上做出适当的让步，让对方感觉到你的诚意，这样沟通起来就会顺畅很多。就像在街头买东西，与小商小贩之间讨价还价，双方都要做出点让步才能完成交易。在每次沟通之时，我们要明白我们的心理底线，最好也能摸清对方的心理底线，这样在保证双方底线的基础上进行谈判，双方都做出适当的妥协以表示诚意，这样的沟通才会更有效果。

总之，有效沟通可以保证信息的准确传达，促进交流与合作，形成良好的合作关系和氛围，增强彼此间的了解。因此，我们要努力克服各种障碍，尽量达到最有效的沟通与合作，最大限度地实现合作互利。

2. 有效沟通与交流的技巧

(1) 尊重他人，多用敬语。与人沟通时要注意礼貌，尊敬他人，态度要亲切诚恳，多用表示尊敬和礼貌的敬语。比如“您”、“请”、“谢谢”、“对不起”等，初次见面说“久仰”，很久不见用“久违”等，让人感觉到你的真诚与尊重，也更显示你的素质与涵养，沟通就可以更加愉快。

(2) 控制好自己的情绪。说话声音大小要适宜，语调要平和沉稳。沟通中要注意控制自己的情绪，不能因为观点不同或看法不一等就乱发脾气，不注意自己的语气语调，这样会给人很不好的感觉，也不利于有效沟通与合作。即使对方因为某些原因情绪失控，我们也要做到冷静对待，不要跟对方争吵。

(3) 不抢话，认真聆听。在沟通过程中要做到不抢话，不打断别人的话，而要认真聆听他人的讲话。很多人认为能说会道的人最受欢迎，其实善于倾听的人更受欢迎。学会倾听，往往会得到意想不到的收获，也会获得好的人缘。倾听是对他人最好的礼貌，用心倾听，会让人感觉到自己受到尊重，也会让人觉得你比较谦虚、稳重、诚实。

在沟通中，认真倾听可以避免不必要的误会，更加准确地理解他人，抓住沟通的要点，大大增加沟通的有效性。

(4) 大方坦率，准确表达。在谈话中应该热情、主动，不要扭扭捏捏，不拘谨不放肆，大方、坦率地表达自己的见解，这样会给人一种干练、明朗、大气、自信的感觉，也可以让人更容易理解和接受。

(5) 真诚地承认错误。如果自己有做得不好或者打扰到别人的地方，就要真诚地向对方表示歉意，用自己的诚意得到别人的理解与原谅。比如："对不起，我迟到了"，"不好意思，我接个电话"……

(6) 求同存异。沟通过程中肯定会出现意见分歧的时候，每个人的立场、思维方式、出发点等都会存在差异，因此发生不一致的见解很正常。这时候双方就要本着求同存异的原则，多站在对方的角度上思考问题，尽量找出比较圆满的解决方法。

(7) 宽容豁达，保持微笑。微笑是最让人心情愉悦的，也是调节人与人之间关系最好的润滑剂。在沟通中要做到宽容豁达，平等待人。要时刻保持微笑，学会用目光与别人沟通，适时地进行反馈，让对方感受到你的尊重与重视，觉得你对他的话题很感兴趣。

（8）保持谦虚，衷心赞美他人。赞美他人是沟通中必不可少的环节，人人都希望受到别人的肯定与欢迎，得到别人的赞美。恰当的赞美会让人心情愉悦，也会让人对你印象更好。但是要注意，赞美是要发自内心的，真诚的，恰当的，不能太夸张，夸张的赞美就会让人觉得你是在拍马屁了，给人油嘴滑舌的感觉，这样就得不偿失了，要注意度的把握。

（9）注意语气，少用反问。沟通中要注意自己的语气语调，说话的时候要多用陈述句，少用或不用反问句。因为反问句的语气最强烈，用不好容易造成不必要的误解。

（10）坚持原则。沟通，既是交流也是协商，在沟通过程中，既要平等待人，互相尊重，也要坚持自己的原则底线，做到有理有据，讲事实摆道理，尽力说服他人。不能为了和平与友好就放弃自己的原则，那样就失去了沟通的意义。

第五节　沟通能力的培养

良好的沟通能力是做到有效沟通的前提，是处理好人际关系的关键。掌握良好的沟通能力，可以更好地表达自己，获得别人的理解与欢迎，可以在合作中更好地与他人团结配合。而沟通技巧的欠缺常常会引起他人的误会，也使得自己不能很好地表现，给人留下不好的印象。

沟通能力的培养，要从以下五方面入手：

1. 说话的技巧

说话的技巧是沟通能力的最直接表现，要想掌握沟通技巧，首先要学会说话的技巧。

(1) 说出来的话要积极向上，乐观豁达，不悲观、不抱怨、不批评、不指责。

(2) 说话要友善，要注意说话的方式，管理好自己的情绪。

(3) 需要否定、批评或有不同意见时，可以用提问的方式来表达，但是要少用反问句。

(4) 做到真心实意、诚恳地尊重他人、关心他人、赞赏他人。

(5) 抱怨别人时先认清自己的不足，并勇于承认和谈论自己的缺点。

(6) 说话不能太刻薄，要给人留情面，不能让人下不来台。

一个人因为做生意失败，不得不变卖家产，房子、车子都卖掉了。一次，他和妻子一起去好友家参加聚会，没有了轿车，他们骑着电动单车出门了。同去参加聚会的另一位好友新婚的妻子由于不知情，见到他们骑着电动单车过来，便脱口而出问道："你们怎么骑电动单车过来啊？"在场的众人都呆在那里，场面一时很尴尬。这时那位妻子不紧不慢地说道："我们骑电动单车，是因为我可以从后面抱着他。"

妻子的一句话就缓解了所有的尴尬，既保留了老公的面子，也不会让别人不舒服。这就是说话的艺术。

2. 非语言沟通的技巧

非语言类的沟通包括肢体语言、表情、语速、语气、语调等。人们在听你说话时，也会同时观察你的身体语言以及表情等，以便判断你所说的话的真实程度、你的态度等。语言也要有肢体语言的配合。

比如眼神交流。与人交流时，眼神交流的时间不应太长，也不能太短，时间比例在 30%—50%比较合适。一般沟通时，我们可以把眼神注视的范围锁定在两眼和下巴组成的倒三角区域里，这个倒三角一般指"沟通注视区"，是向对方表示友好，可以让人感觉舒服自然的区域。而两眼和额头组成的三角区域一般称为"谈判注视区"，注视别人的这块区域时，会给人一种强硬、自信的感觉。

3. 倾听的艺术

古时有个国家的使者到中国进贡了三个一模一样的金人，但是他出了一道题目：这三个金人哪个最有价值？皇帝请人检查，称重、看做工，想了各种办法，出来的结果都是一模一样的。最后，一位老大臣想到了办法，他拿了三根稻草，分别插入三个小金人的耳朵里。第一个金人的稻草从另一只耳朵里出来了，第二个金人的稻草从嘴巴里出来了，而第三个金人的稻草掉进了肚子里。老大臣对着使者说道：第三个金人最有价值。使者默默点头。

最有价值的人，不是最能说的人，而是善于倾听的人。西方谚语认为，上帝分配给人两只耳朵，却只给了我们一张嘴，就是让我们少说多听的。

认真倾听别人讲话是一种礼貌，倾听也可以让我们做到多学多问，达到更好的沟通效果。然而，并不是谁都能做到认真倾听的。

有的人看似在听别人说话，实际上并没有听进去，而是假装在听，或者在想别的事情。还有人会选择性地听，听到感兴趣的就认真听一会儿，不感兴趣的就选择忽略了。

在与人沟通的过程中，我们要做到认真地去聆听他人的谈话，这样既是表示一种尊重，也是掌握理解他人信息的关键，听明白了，才能做到有效沟通，才能进行接下来的合作。

为了达到有效的沟通，我们要学会站在对方的立场，设身处地地思考问题，真正了解对方的要求和感受，这就需要我们认真聆听，从中倾听别人的想法、别人的立场、别人的难处，这样才能做到理解他人，对方觉得自己得到尊重了，也就自然会对你增加好感与信任。双方沟通起来也会更顺畅更有效。

著名主持人林克莱特采访一位小朋友："你长大后想做什么啊？"

小朋友回答："我想做飞机驾驶员。"

"如果有一天，你的飞机飞到海上引擎熄火了，你该怎么办？"

"我会告诉飞机上的人系好安全带，然后我带上降落伞跳出去。"

现场的观众听到孩子的回答全都笑得前仰后合。林克莱特平静地看着孩子，观察着他的反应，没想到孩子流出了两行热泪。林克莱特继续问他："为什么要这样做呢？"

孩子流着泪回答："我要去拿燃料，我还要回来。"

当你听到别人说话不当时，先不要急着嘲笑他，请听别人把话说完吧，这就是听的艺术。

我们在聆听的时候要注意以下原则：

① 听话不要只听一半，不要以偏概全误会别人的意思。

② 找到自己的兴趣点，抓住重点，对全部内容进行总体判断。

③ 主动倾听、边听边想，倾听的同时要有自己的想法。

4. 提问的技巧

在沟通过程中，除了说和听，还有一个重要的环节就是提问。有针对性的提问可以帮助双方更好地理解沟通信息，增强沟通的有效性。

选择不同的问问题的方式，可以帮助我们对不同的信息做出恰当的处理与判断。而且，开口提问可以掌握话题的选择与控制权。

(1) 封闭式提问。有疑问需要得到肯定回答的时候，我们可以问一些封闭式问题，即只能回答“对”或“错”，“是”与“否”的问题，或必须有明确答案的问题。

比如，“最晚的期限是下周，对吗?”

(2) 开放式提问。要想让沟通交流继续下去，或者在一种更轻松愉快的氛围下进行，就要提出一些开放式的问题，让对方有话可说，觉得你对他说的话很感兴趣，对方就可以更放松、更自由、更开心地谈下去。一般开放式问题的回答时间比较长一些，这样就鼓励他们深入、广泛地谈下去，可以充分表达自己的想法。

比如，“您觉得这个行业的前景怎样”，“对这个问题您是怎么看的”。

我们在选择问题的过程中，要时刻观察别人的反应，要照顾到别人的感受，不能仅凭自己的喜好，要考虑自己想听什么，想说什么，也要考虑别人的需要。

5. 沟通能力的训练

除了说、听、问方面的专项技巧学习，要想提高沟通交流的能力，还可以从以下这些方面入手进行一些训练和学习，结合自身的实际情况，可以进行一些针对性的训练。

(1) 演讲能力的培养。平时可以多参加一些演讲比赛，培养自己的当众演说能力。社会上也有一些专门的演讲机构，可以通过这些机构来提升自己的演讲能力和水平。

(2) 幽默感的培养。有幽默感的人一般都会让人感觉比较亲切，比较平易近人，大家也都愿意与有幽默细胞的人接触，他可以让身边的人感到开心、放松、快乐。平时可以多看一些搞笑的段子或视频，培养自己的幽默细胞，并适当地记忆。可以在公众场合给大家讲笑话，锻炼自己语言的幽默性。

(3) 提高自信和心理素质。多给自己表现和锻炼的机会，多在公众场合发言，不要怕出错，讲得多了心理素质就会越来越好。在公众场合发言比较容易得到鼓励与赞扬，这样自信心也会越来越强。平时多做一些自己擅长的事情，这样就会得到更多的自信。

(4) 不断学习，增强认识与见解。多读书、多学习，多涉猎一些专业方面的知识，增强自己的认识和见解，形成自己独到的判断力。

(5) 提前了解相关的信息。沟通之前尽可能多地了解一些与沟通内容相关的知识和信息，做到有备无患，这样在沟通中起码不会太被动。

(6) 加强捕捉信息的能力。要善于总结和把握问题的重点和关键，将主要的东西记下来。培养自己捕捉信息的意识，有了这种信息意识，就会在平常的工作和生活中，处处留心身边的人和事，从中挖掘到有效的信息。

(7) 提高自己的专业化素养。努力学习与实践，积累自己在专业方面的知识与经验，提高自己的专业文化素养，以便自己在沟通中让人感觉更加专业化，更加有信任感。自己也可以更加自信，更加主动，增强沟通的有效性。

第六节　培养团队的沟通合作能力

两个饥饿难耐的人遇到一位善人。面对善人的施舍，他们一个人选择了一根渔竿，一个人选择了一篓鱼，然后就分道扬镳了。得到鱼的人马上点火把鱼煮了，饿得发昏的他很快就把鱼吃了个精光，不久就饿死了。而得到渔竿的人强忍着饥饿，跑到河边钓鱼，但是还没等钓到一条鱼，他就饿死了。

如果两个人选择团结合作，而不是分道扬镳，那么两个人既可以先吃到鱼肉不至于饿死，也可以钓到取之不尽的鱼。但是他们选择了各自行动，结果双双饿死。

所有的合作，都取决于良好的沟通；所有的成功，都是合作的结果。只有团队合作才能实现个人力量完不成的目标，而只有分工明确、高效执行、团结一致、沟通有效、友好合作的团队才能算得上一个良好的团队。那么，怎样才能培养团队的沟通合作能力，建立起一个优良的团队呢？

1. 相互欣赏

团队成员之间要彼此了解，懂得欣赏他人的长处，也要了解每个人的缺点，这样就可以扬长避短，更加默契、有效地配合工作。我们要善于发现别人的优点，学会欣赏别人，这样才能增进团队成员之间的情感，沟通起来也更加容易，有利于增强团队的凝聚力和提高工作效率。

2. 相互尊重

团队成员之间要平等相待、相互尊重，不管是新人还是老人，职位高还是低，年龄大或是小，都要做到平等相待，要尊重每一位同事，这样才能营造一个团结、和谐、友爱、高效的团队。

3. 宽容豁达

团队合作中最好的润滑剂就是宽容，要学会严于律己、宽以待人，让自己的心胸更宽广，包容他人，自己也能工作得更轻松愉悦。宽容可以消除彼此间的矛盾、恩怨、分歧、摩擦等，使团队成员之间彼此信任、不分你我、和谐相处，从而更加安心工作，使工作效率最大化。

4. 相互信任

团结协作，最需要的就是信任。如果彼此达不到相互信任，那么就没有合作可言，相互之间只会充满猜忌、防范、嫉妒等，是不可能做到团结协作的。团队成员之间一定要做到互相信任，这是一个团队发展的基础。

5. 互通有无

有效的沟通是团队合作的开始，也是团结协作的基本要求。在一个团队中，良好的沟通能力是团队成员必备的基本素质。团队成员之间要做到勤于沟通、善于沟通、有效沟通，彼此间互通有无，才能做到真正团结，将工作成本最小化，工作效率最大化。

6. 勇于担当

在团队中要勇于承担责任，对自己负责、对工作负责、对同事负责、对团队负责，要有担当、有自信地面对一切困难，这样才是团队需要的好成员。

7. 诚信为本

诚信是做人的基本原则，在团队里更应该做到诚信为本，真诚待人，不造假、不欺骗、不做作，坦坦荡荡做人，踏踏实实做事。这是身为一个员工最基本的素质要求。

8. 互帮互助

团结协作，互利合作，顾名思义就是让大家彼此互帮互助，齐心协力，没有互相帮助就没有合作可言，大家各顾各的，就不叫团队了，更谈不上协作，谈不上团队精神。你要热心帮助每一位同事，这样你也会得到更多帮助。

9. 团队精神

团队精神是把所有团队成员聚集在一起的力量，没有团队精神，这个团队就没有灵魂，如同一盘散沙。团队成员可以有自己的个性，但是要以整体利益为重，要有集体意识，为整个团队的目标而努力。

在工作中，我们难免与同事之间磕磕碰碰，遇到这样的事情，我们应该首先考虑，自己是不是哪里做错什么了，或者做的什么事情得罪某人了，如果实在想不通，就去找当事人问清楚，到底是什么事情，是不是对方误会自己了。有误会就应该及时沟通，及时解决，趁着误会还浅的时候通过及时的沟通处理掉，而不是让误会越结越深，这样只会让两人之间的隔阂越来越大，给两人之间的沟通造成障碍，也给工作上造成极大的困扰。

如果是公司领导遇到员工之间闹矛盾，应该找双方了解清楚事情的原委，然后帮助他们把误会、矛盾的疙瘩解开，加强员工之间的有效沟通，这样才是一个好领导应该做的，这样才能很好地培养团队成员之间的沟通合作能力。

我们每个人都要努力学会主动、真诚地与人沟通，尤其是在团队合作中，只有有效沟通才能化解人与人之间的矛盾与误会，使整个团队更加和谐、高效地运行下去。

总之，团队就是一群人为了共同的目标而在一起共同奋斗。优秀的团队要有明确的目标、高效的沟通、高效的执行、良好的合作，以及高素质的领导和成员。培养沟通合作能力，建立优质高效的团队，是所有团队成员的共同目标与责任。

第六章　细节，合作的优化

小事成就大事，细节成就完美。

——戴维·帕卡德

管理者的成功源于将寻常的事情做得不寻常的好。

——汤姆·彼得斯

一个细节，看似非常不起眼，但是很多细节串在一起就会产生非常强大的力量。我们忽视了一个细节，就有可能引起很多细节之间的连锁反应，从而造成恶劣的后果与影响。

住在黄河边的村民们为了防止水患，就在河边筑起了高大巍峨的长堤。一天，一个村民发现长堤上有好几处蚂蚁窝，他当时想：“蚂蚁窝会不会影响长堤的安全性呢？”但是他一转念又觉得，“这么小的蚂蚁，怎么会影响到这么坚固的长堤呢？不会有问题的。”他就没再想过这件事，也没有跟别人提起过蚂蚁窝的事情。

一个风雨交加的夜晚，黄河里洪水暴涨，河水从蚂蚁窝处开始慢慢渗透，最后终于把长堤冲毁，淹没了大片的村庄与农田。

这就是著名的“千里之堤，溃于蚁穴”的故事，这个故事告诉我们，有时候，一个小细节就可以决定事情的成败。一个小细节没有处理好，很可能就会影响大局。

在团队合作中也是如此，工作中的一个个小问题就像是一个个小小的蚁穴，在它影响还很小时尽早解决掉，就不会再有后患；如果一个细节没有处理好，那么就很可能后患无穷，造成“千里之堤，溃于蚁穴”的严重后果。

无论多大的事业，都要处理好每一个细节。大凡成功之人，不仅要有统筹规划全局的本事，也要有防微杜渐把握关键的意识与能力。

第一节　细节决定成败

细节就是细而小的东西、环节等。但是，就是这细小的东西往往可以决定事情的成败。

“丢失了一个钉子，坏了一只蹄铁；坏了一只蹄铁，折了一匹战马；折了一匹战马，伤了一位骑士；伤了一位骑士，输了一场战斗；输了一场战斗，亡了一个帝国。”这是一首民谣，说的是马蹄铁上的一个钉子丢了，最终可以导致一个帝国的灭亡。这很形象地说明了细节决定成败的道理。

细节因为细小，所以很容易被人忽视，也让人觉得不屑一顾。但就是这些细节，往往成为成败的关键。就好比上学的时候，家长和老师告诉孩子最多的往往就是“要细心”、“不能马虎”、“多检查几遍”这样的话。数学中的一个小数点错位，就会造成“失之毫厘，谬以千里”的结果；语文中的一个字变了，就有可能改变全文的意思。

1. 从小事做起，从细节做起

无论是做人还是做事，都要注重细节。“不因善小而不为，不因恶小而为之”。从身边的小事做起，把每一件不平凡的小事做到最好，就是不平凡。把一个个小小的成果累积起来，才能获得更大的果实。要想有一番大作为，就要从每一件平凡的小事做起。注意了细节，把细节做好的人才能真正做成大事，否则，忽视了细节，很有可能酿成无法挽回的过错。

不积跬步无以至千里，不积小流无以成江海。再大的事物也是由一点一滴的小事物堆积而成的，再大的成就也是由一点一滴的小成果累积起来的。没有一蹴而就的事，想做成大事，就得从身边一点一滴的小事做起。

然而，想做大事的人尤其多，但是愿意从小事做起的人却少之又少，愿意把小事做细做好的更少。做战略决策的人很多，但是真正执行的人很少；制定制度的很多，遵守规则的很少；梦想家很多，脚踏实地的人却很少。

试想，如果在团队合作中，大家都只愿意做决策者，那么谁来执行具体的工作？如果都只愿意担当领导，那么谁来当小兵？即便是领导，也要注意发现工作中的细节，将细小的事物处理好，才能带领好整个团队实现战略目标。

生活中，我们每个人做每件事，都要认真处理好每一个细节。细节处理好了，往往就可以事半功倍，甚至可以挽回很大的损失。不然，不注意细节，很可能因小失大，造成前功尽弃这种不可挽回的后果。

有个船主，他的船漏了洞，还没来得及找人修补，他的孩子就驾船出海了，他以为孩子再也回不来了。所以当孩子平安回来以后，船主高兴得不得了。原来是他找的漆工在给船涂漆的时候顺便把漏洞给补上了。船主知道后，又给漆工送去了一大笔钱，漆工说他已经付过工钱了。船主对他说：“感谢你帮我把船的漏洞给补上了，要不然我的孩子就回不来了，我得好好感谢你!”漆工只是说那是顺手的事，举手之劳而已。

漆工不仅做了他分内的事，还顺手做了一件救人性命的事。他的举手之劳，救了一个人的性命。这就是细节的作用。正因为漆工的责任心，他重视了工作中的每个细节，还做了不在自己分内的事，于是救了船主孩子的命。而船主呢？却因为没有注意细节，没有及时找人修补船只，差点害了孩子的性命。一个小细节的问题，处理好了，结果是截然不同的。所以，我们一定要培养自己注重细节的习惯。

2003 年，美国哥伦比亚号航天飞机曾发生升空后爆炸的事故，7 名宇航员遇难，而造成这一灾难的罪魁祸首竟然只是一块脱落的泡沫片，它击中了飞机左翼前的隔热系统导致飞机爆炸。飞机的各项技术指标肯定是一流的，结果却因为一小块脱落的泡沫片就被毁灭了，而且还牺牲了 7 名航天员，实在是不值。这就是不注重细节问题所造成的严重后果。

细节在现代企业中，也常常决定着事业的成败。商人们将大笔资金投入项目开发，目的肯定是为了获利，为了赚钱。但是整个项目运营过程中任何一个小小细节的失误，都有可能造成利润的损失，甚至有可能使他们倾家荡产。所以，在产品生产过程中，无论从操作、质量、做工、包装、产品说明等各个环节，都要做到事无巨细，每个细节都要做到尽善尽美，这样才能保障各个合作方的利益以及消费者的利益。

太多的事例都告诉我们，细节可以决定成败。在现实生活中，无论是学习、生活还是工作，都需要我们时时培养自己的责任意识。不能忽视每一个细节，要时时提醒自己，不能粗心大意，我们要做细心的漆工，不能做马虎的船主。

2. 工作中要有责任心，做好细节

美国苹果公司联合创始人乔布斯在工作中经常与工程师讨论细节问题，比如用户界面设计，他可以就用户界面上如何摆放图标的问题，和设计师久久争执不下。正是这种事必躬亲、认真关注细节的精神造就了乔布斯的成功，这种精神才是真正为顾客着想，为用户负责，这也是他天才般成功的关键因素之一。

我们平常人在平时的工作中，一定要向乔布斯学习，要树立自己的责任心、使命感，对自己严格要求。一定要戒骄戒躁、沉下心来，树立细节意识，注重细节，把每件小事做细做好。

很多事情之所以没有做好，不是因为我们没有努力，只是因为忽视了一些细节性的东西。马蹄铁上的一个钉子可以关乎整个帝国的存亡，小船上的一个小漏洞可以关乎一船人的性命，一块泡沫就可以危及一架飞机以及所有乘客的生命，一个产品包装的细节可以直接影响整个企业的命运……

这些事实都足以告诉我们，责任和细节可以决定成败。一句话、一个动作、一个表情、一个符号、一颗螺钉等细节性的东西确实经常容易被人忽视，它们细小得看似微不足道，但是却可以起到至关重要的作用。我们绝不能忽视它们，要树立强烈的责任心，要注重身边的每一件事、每一个细节，把细节做好了，你就是一个不平凡的人，不平凡的员工，将来就可

以做出不平凡的事迹。

看似微不足道的小事，导致的结果却是惊天动地的。所以我们在工作中，要时时铭记，自己在任何细节上的疏忽，都有可能造成严重的不良后果，所以我们做事情要慎之又慎，关注到每一个细节，不能随意、粗放地处理问题，必须健全制度，精细化管理，严于律己，踏实做人，细心做事，要有正确的工作态度和敬业精神。

细节源于态度，态度决定一切。一个有敬业精神和责任感的人才能真正关注细节，真正把事情做好。

细节决定成败，责任铸就辉煌。让我们注重细节，感受责任，抓住机遇，细心稳健地走向成功之路！

第二节　细节与战略的辩证关系

细节就是细小的环节。在合作中，合作战略是整体的导向。但是，只有在战略和导向正确的前提下，认真处理好细节才能取得真正的成功。

一个好的战略决策必须要有很好的细节执行，才能真正达到预期目标。细节是整体战略的基础和体现。一个好的管理者，要在做好战略部署的同时，尽可能地去安排好执行过程中的每一个细节，以免因小失大，影响整体的项目效果。

1. 战略与细节哪个更重要

近年来，关于“细节决定成败”和“战略决定成败”的争论越来越多，也越来越深入。那么，决定成败的究竟是细节还是战略？

过去我们一直强调，企业的经营与发展战略是企业兴衰成败的关键。而现在，越来越多的人呼吁“细节决定成败”，他们强调企业管理应该重视细节和执行力。这说明，要做好企业管理，不能单单停留在战略部署上，也应该落实到执行层面上，将实践的环节落实好，这样才能真正做好企业。

这样的舆论或许给一些企业造成一定的困惑和争论，我们究竟要注重什么？决定成败的真的由原来的战略转为细节了吗？

一艘航船，在行进过程中，如果航向错了，就会多走很多弯路，也会导致灾难性的结局。但是如果是机器零件等细节方面出了差错，那么，结果一样是颠覆性的。

其实，“战略第一”和“细节第一”的观点都有其存在的合理性，但是又都存在很强的片面性。战略和细节其实都很重要，两者在决定成败中都起着很重要的作用，不存在谁轻谁重的问题。我们不能为了强调战略而忽视细节，也不能为了强调细节而轻视战略。

其实，这两者在企业中是应该有具体分工的。也就是说，谁轻谁重这是要针对具体的人来说的。比如，身为领导层或决策层，对于他们的职责而言，或许应该是战略更为重要一点，当然，战略之外，他们也要注意细节上的安排。而对于基层员工而言，他们的职责就是执行，也就是细节方面的工作更多一些。

领导层作为整个航船的掌舵人，要掌握整个航船行驶的方向和航线，不能让整个战队走弯路。所以他们要把握好市场的变化，部署好运营和发展的大战略，才能带领团队稳步前进。所以，他们仅仅注意细节是远远不够的。

而对于执行层面的人员来说，在大方向基本确定的基础上，他们在完成具体目标的过程中，一定要认真完成每一个细节，做到精益求精，才能保证目标任务准确顺利地完成。

当然，作为领导层，需要考虑的问题要长远得多，既要把握好整体战略，也要考虑日常工作的一些细节问题。但是，责任有分工，领导层还是应该花更多的时间和精力来考虑企业的整体发展问题，这样才能保证企业在激烈的竞争中立于不败之地。

就整个企业而言，不能过分强调战略或细节执行。过分强调战略，忽视细节，战略就成了空谈；过分强调细节，没有战略，那么细节执行得再好，也不会获得成功。所以，在团队合作中，大家要各司其职，在保证战略正确的前提下，充分地执行好每一个细节，这才是企业应该做到的。

2. 战略与细节相互依存

战略和细节其实并不是非此即彼、非黑即白的关系，二者其实是相互依存、相互制约的辩证关系。它们并存于一个管理体系中，是团队里密不可分的一对共同体。战略是细节的导向和起点，细节是战略的具体体现。正确的战略会使细节执行起来更有价值，而完美的细节执行也会使战略发挥得更加充分。所以，我们要正确地认识战略和细节的关系，不能简单地认为“细节决定成败”或“战略决定成败”，而因此忽略另一方，它们之间没有谁轻谁重，对团队来说同等重要。

(1) 细节是战略的一部分。企业的运营和发展战略是企业整体发展的导向。而企业在制定整体战略的时候，也要详细准确地分析企业各个方面的基础情况，比如人员基础、品牌基础、资金基础、合作伙伴、市场前景、竞争对手等，只有知己知彼，才能制定出好的发展战略，在竞争中做到百战百胜。

这些所有相关的情况调查，都是战略制定的坚实基础。而这一切基础，又都是将来战略实施过程中需要稳扎稳打，一步一步壮大落实的具体内容。在这个过程中，每一步都要认真地走，认真地对待每一个环节，认真地处理每个环节中的每个细节。否则，想要直接成为一个有影响力的大品牌，那是不能的。

也就是说，战略管理的整个过程无不与细节相关。执行过程中的每一个细节，其实都包含在战略计划里，都是战略的一部分。我们既要坚定不移地完成战略部署，也要认真细致地对待过程中的每一个细节。任何一个环节出错，都有可能造成战略的失败。只有处理好每一个细节，才能取得真正的成功。

(2) 细节是战略的具体体现。细节的执行要根据整体战略的方向进行，围绕着战略的总体思想来走。也就是说，执行过程中的每一个细节都是战略思想在各个阶段的具体体现，是为了实现整体战略目标而进行的一小部分局部战。而局部小战役的失败，很有可能就会影响整体战局的成败。

企业的整体发展战略确定之后，就要落实每项工作的具体执行。每个环节的实施，都是围绕着企业的整体发展战略展开的。每个细节都是战略思想的具体体现。细节执行得越完美，战略就实现得越全面。

(3) 战略与细节相互依存，相互制约。战略与细节之间是相互依存、相互制约的关系，不能过分强调哪个比较重要。战略是整体发展的导向，是细节执行的开始；细节是战略的基础和体现。没有正确的发展战略就没有方向，就没有细节可言；没有好的细节执行，战略永远都是纸上谈兵，永远落实不了，也就不会有成功可言。

二者相互依存，不能在企业发展中分离。缺少了任何一方，企业都只会走向失败，永远与成功无缘。因此，我们要用辩证的眼光来看待战略和细节，正确处理好二者的关系，使企业勇立潮头，不断壮大。

（4）在战略中把握好细节执行。有的老板经常这样说："我制定的战略决策很清晰，很明确，就是执行力达不到。"但是要明白，老板才是企业中的第一执行力。老板不仅要"开闸"，还要制定明确的水流方向与方式。只管放水，而不考虑接下来水流向哪里，怎么流，那怎么可能使你的"水"按照预期时间按质按量地流向目的地呢？

作为企业的领航人，老板既要制定好战略，也要把握好细节执行。其实，在制定战略的时候，大部分的执行细节都要考虑到。这是一个领导者的心态问题，也是能力素质的问题。

细节与战略同等重要，我们要在正确的战略方针下，认真把握好过程中的每一个细节。作为一个领导者，你不可能做到面面俱到，这是可以理解的。但是制定好战略之后，起码要及时发现和解决关键性的细节问题，也就是影响大局的关键问题。

一方面，领导者要学会授权，不必事事亲力亲为，越级指挥。只有合理授权，善用人才，才能做好整体规划和设计，让整个团队运营起来更加井然有序。另一方面，领导者也必须尽职尽责，在很多关键流程和细节上，必须要亲力亲为，狠抓落实，保证工作的顺利完成。

一个人去买鹦鹉，看到一只鹦鹉的笼子上写着：此鹦鹉会两门语言，售价200元。另一只鹦鹉笼子上写着：此鹦鹉会四门语言，售价400元。这两只鹦鹉都是毛色光鲜，非常漂亮的。这人一时拿不定主意买哪只。这时他又发现一只很老的鹦鹉，毛色暗淡，但是标价 800 元。他就问老板：这只鹦鹉是会说八门语言吗？店主说：不会。

“那既然这只鹦鹉又老又丑，又没有什么特异功能，为什么会值 800 元呢？”

“因为这只鹦鹉是另外两只鹦鹉的老板。”

真正的领导人，不一定拥有多强的个人能力，他只要懂得信任，懂得放权，懂得用人，懂得把握关键细节，就能团结比自己更强的力量，从而提升自己的身价。

相反，很多能力非常强的人，却因为过于追求完美，不放心别人，觉得什么人都不如自己，所以事必躬亲，最后只能做最好的员工，永远做不了优秀的领导人。

其实，战略与细节并不矛盾，抓战略就是抓大局，把握总体方向。在授权的同时抓关键性细节，就是抓战略的具体实施，保证整体战略按照预定方向和时间完成。

领导者既要在战略中把握全局，又要有重点地把握主要细节，保证关键问题得到有效解决。要善于在复杂的工作中理清自己的思路，提升自身的管理能力，不能把自己置于无止境的琐碎事务上去忙碌，要把握好轻重缓急，做到乱中有序。

其实，关于细节和战略，我们一定要正确认识二者之间的关系，不能片面地认为哪个重要，而忽视了同样重要的另一方面。

第三节　细节在合作中的重要性

一个团队一定要做到分工明确，全体成员各司其职、各负其责，才能做到有序地处理好工作中的各种问题，保证团队目标的顺利完成。

领导的战略决策是很重要的，但是执行人员的执行细节也同样重要，各个环节的细节处理对整个战略的影响都是巨大的。

所以，在团队合作中，要注重细节的重要性，从小事做起，认真处理好每个细节，这是保证团队共同目标顺利完成的基础。

1. 细微之处见精神

细节往往最能体现一个人的素质，一个人的穿衣打扮、举手投足，都可以给人留下印象。衣冠不整的人会让人觉得不整洁；说话不文明会让人觉得没有修养；经常大吵大闹，会让人感觉不沉稳。但是，一个温暖的微笑，一个善意的举动，一句温馨的祝福，都会让人感觉如沐春风。这些小细节很容易被人忽视，但是“细微之处见精神”，微小的细节很容易暴露人的性格习惯。我们要时刻注意自己的形象、言行举止等细节，这样才能给人留下好的印象，打造出好的人际关系。

如果能认真做好身边的每一件小事，并把这种细心的态度养成一种习惯，全面、尽善尽美地处理好身边的人和事，那么，你就可以给身边的人留下非常好的印象，大家就都愿意与你交往。尤其是在合作中，你的一言一行就都被他人看在眼里，你的表现决定了你的人缘，也就决定了你事业的成败。

在团队合作中，只有认真对待工作，用心对待同事，把工作做细、做实，把身边的每一个细节认真处理好，才会在团队中得到好的口碑，才能有更多的发展机会，离成功的道路也会越来越近。对工作敷衍了事，不认真对待，不把细节看在眼里的人，往往不会被身边的人喜欢，也不会受到人们的拥护，这样的人是做不成什么大事，也走不了太远的。

“一屋不扫，何以扫天下。”一个连小事都处理不好的人，是不可能做出大的成就的。把身边简单的小事做好，就是不简单。把平凡的小事做到最好，就是不平凡。在平时的工作中，要从小事做起，把小事做细、做好、做实，这样既可以体现你认真负责的态度，也可以让他人更加信任你，更喜欢与你合作。

把握细节是一种力量，它可以给人带来机遇、带来效益、带来财富，甚至可以决定你人生的成败。把握好生命中的细节，创造细节之美，也可以闪耀出灿烂的光芒。

2. 树立责任心和使命感

在合作中，有强烈责任心和使命感的人，往往更容易得到人心，大家更愿意信任有责任感的人，因为这种人身上会散发一种强大的热情和力量，让人愿意去接近、去学习、去帮助。而责任心和使命感，就体现于一个人平时的所作所为中，也就是在细节中体现。

一个愿意从小事做起，将身边的细节处理好的人，会让人感觉到强烈的责任心和使命感。而一个没有责任心的人，是不可能把细节做好的。一个人只有热爱自己的工作，对身边的事物都有足够的热情的时候，才会愿意真心实意地去做事，才会尽自己的全力去做好每一件小事。而这种热情也会感染到身边的每一个人，团队里的同伴都会感受到你的力量，大家都向你学习，整个团队就会富有激情和力量，更有团结一致的凝聚力和向心力。大家心往一处想，劲往一处使，全心全意地干好每一项工作，那么这个团队就会不断发展壮大，不断创造出新的奇迹。

在工作中，我们一定要树立强烈的责任心。做好自己的本职工作，尽职尽责、热情工作、热心助人、热爱集体等，这些都是责任心的表现。如果一个人没有责任心，就不可能做好身边的事，那么他的成功也永远都只会是遥不可及的。

五岁的汉克和爸爸、妈妈、哥哥正在农场里干活，突然下起雨来，可是他们只带了一件雨衣。于是爸爸把雨衣给了妈妈，妈妈给了哥哥，哥哥又给了汉克。汉克问道："为什么爸爸把雨衣给了妈妈，妈妈给了哥哥，哥哥又给了我呢？"爸爸回答说："因为爸爸比妈妈壮，妈妈比哥哥壮，哥哥又比你壮呀。我们都会保护比较弱小的人。"汉克想了想，然后左右看了看，就跑过去把雨衣撑开挡在了一朵娇弱的小花上面。

这个故事告诉我们，真正的强者不一定要多有力气、多有钱，或者多有权力，而是要有责任心，对别人要有帮助。责任是一种强大的力量，可以让我们把事情做得全面而完美。

古往今来，有所成就的人无一不是拥有强烈责任感、认真对待细节的人。雷锋热心助人，是因为他有着强烈的社会责任感；焦裕禄关心群众疾苦，是对百姓有着强烈的责任感……

责任感反映着一个人的精神境界。在合作中，责任感也是一个团队成员不可缺少的优秀品质。一个人能力再强、学识再高，如果缺乏责任感、使命感、归属感，也是不会得到团队成员认可，不会得到社会认可，不会得到成功的。

3. 加强学习，培养细节意识

细节意识的掌握也是一种能力。从一定意义上来讲，注重细节，是一个人整体素养的体现，是责任心的体现。但是，也有一些人，不是不愿意去做小事，不愿意把细节做好，而是他根本就看不到细节的东西。这就是缺乏细节意识的原因。这种意识的缺乏，就会让他显得做事敷衍、粗心大意，也让他缺乏很多表现的机会，甚至让身边的人产生很多误解。

在团队合作中，注重细节的人更容易获得他人的信任和好评。在平时的工作、生活、学习中，我们要加强培养细节方面的意识。要坚持学习，不断学习新的东西，保持自己大脑思维的灵活性，才能更好地关注到细节。

知识的学习和积累，可以让人意识到很多东西，也会让人在平时的生活中加强留意很多东西。只有不断学习，增加自己的知识积累，提高自己的认识和整体素养，才能关注到细节。

当然，细节意识不是一朝一夕就可以培养出来的。最重要的还是要培养自己注意细节的习惯，习惯成自然，时间久了，自己就会越做越好。这种能力是靠日积月累才能培养出来的，人的行为95%都是受日常习惯影响的。

平时多读书，养成多思考的习惯。在工作中更要多用心，考虑一下这件事自己是不是做到位了，是不是做到完美了，还能不能再更进一步。先养成好的习惯，然后在习惯中积累，培养自己的整体素质，慢慢培养细节意识。

第四节 合作中要注重细节管理

现代企业管理是一门很深奥的学科，市场上也有很多关于企业管理的书籍。但是，现实情况却是，大量企业在不停地倒闭破产。这是为什么呢？因为管理的理论和实际上的企业管理是有差别的。这个差别主要就在于细节。这个看似很不起眼的字眼，如今却越来越得到人们的重视。

还是那句话，“细节决定成败”，细节在企业管理中的重要性越来越显著。大家已经从之前的战略为重的思想逐渐转为开始同时重视细节管理。

关于细节管理，在众多管理学书籍中，提及的理论很少，没有专门的论述及阐释，也没有特定的原则。细节是太具体的东西，不是理论的东西，是不可复制的，执行起来千差万别，所以它是独一无二的。

马蹄铁上的一个钉子丢失，只是微小的细节上的变化，但是久而久之，就演变成了关乎帝国存亡的大问题。在团队合作和企业管理中也是如此，我们每一个成员的一言一行、一个微小的行为，看似不打紧，其实都有可能对团队的兴衰存亡产生重大的影响。所以，我们一定要重视细节的作用，在团队的发展过程中重视细节管理，加强每个人的细节意识。

1. 细节在团队中的影响

“泰山不让土壤，故能成其大；河海不择细流，故能就其深。”我国很多企业的寿命只有短短几年，能够做到十年以上的品牌相对来说很少，为什么会这样？主要原因之一就是细节处理得不到位。

很多中小企业只顾眼前利益，所以抓大放小，只注重战略不注意细节，导致很多细节上执行得不到位，结果长期下来，就造成了越来越严重的影响，最后直接就是企业无法生存而倒闭。小的细节不注意，往往就会酿成大祸。忽视细节，小则失去很多合作机会，大则直接毁灭一个企业。

德国人设计的上海地铁一号线，与中国设计师设计的二号线相比，就有很多细节上的巧妙处理：每个出口处都设计了三个台阶和一个转弯。上海地势低，三个台阶避免了雨水的倒灌，而转弯则节省了很多能源投入，降低了运营成本。

国外像这样的例子非常多，很多国际知名品牌都非常注重每一个工艺、每一个细节。很多一流企业，还制定一些制度，让普通员工严格执行细节，让大家都能时时关注细节，把细节做好，从而大大提高产品品质，降低风险。日本、韩国的一些企业，如丰田、索尼、爱普生、三星等，因为注重细节，都已经从一般的中型企业发展成了世界级企业。

奔驰集团因为注重细节检查，从而生产出高品质的汽车，成为一线品牌。麦当劳因为注重细节，从一家小小的快餐店，发展为今天拥有数万家连锁店的跨国餐饮。沃尔玛因为注重细节，发展成为世界数一数二的零售业大佬。

注重细节，坚持把每一个细节都做到最好，从细节中取胜，这就是这些企业成功的秘诀。这已经成为绝大多数企业的共识，但是要真正做到把细节做好却不是那么容易。在现代市场激烈的竞争中，要想抓住机遇，勇往直前，就看谁能真正做到在细节中取胜了。

2. 企业的发展和创新离不开细节

在企业管理中，企业的发展战略非常重要，这是对企业长期发展做出的整体谋划，是企业发展的导向。但是，战略的制定更要注重细节。细节是由战略决定的，而战略的价值是由细节来体现的。战略与细节是相互依存的，两者必须同时做好，才能真正在市场竞争中获胜。

很多企业当初制定的战略很好，但是就是由于细节执行得不够好，不够到位，导致战略最后的失败。所以说，没有细节的战略，只是海市蜃楼，是虚幻的。战略制定好了，还要加强执行力，注重细节的执行。只有精益求精地执行好每个细节，才能真正实现好的战略。

现代企业的管理，大多体现在对细节的管理上，在细节上管理得好坏，决定了企业发展的速度和成效。

把细节抓好，才能实现战略的部署，才能把战略和具体执行紧密结合，才能做到万无一失，才能产生 1+1>2 的效果，才能获得真正成功。

另外，在团队中，创新也是促进发展的原动力和手段，而创新也离不开细节。企业要生存与不断发展，必须与时俱进，不断创新，不能停步不前。面对千变万化的市场，只有加快科技创新、管理创新、产品创新等，才能适应市场的发展与变化。而创新，就存在于企业的每一个细节之中。

所谓创新，大都是指细节上的创新。海尔集团内部就有很多细节上的创新，还有很多小的发明创造都是以员工名字命名的，比如“云燕镜子”、“晓玲扳手”、“秀凤冲头”等。

只有不断推出新产品，企业才能持续发展。企业要不断在原有产品的基础上，推出新技术、新功能，在细节上不断推陈出新，使产品更加与时俱进，更加贴近消费者，更加人性化；要在原来管理理念的基础上，更加精细化管理，尤其是加强细节管理。

创新是进步的动力，是发展的源泉。没有创新的企业是不可能长久的，而创新就需要细节，没有细节就没有创新。必须加强对细节的管理，在细节上不断进步，精益求精，才能不断创新，不断推动企业发展。

“要让时针走得准，必须控制好秒针的运行。”这是海尔集团崇尚的一句话。海尔之所以能够成为知名的国际品牌，与其重视细节的做法是分不开的。只注重大的战略，而忽视小的细节，结果就只能是全部落空。

企业的管理能力很大一部分体现在细节管理的能力。目标制定得再宏伟，战略部署得再全面，如果执行过程中任何一个环节或细节出了问题，都有可能影响整个结局。在工作过程中，我们常常会面临非常简单而琐碎的问题，那些问题看似简单，却很容易出错。我们一定要慎之又慎，认真地对待工作中的每一件简单的小事，把它做好做细，这样才能保证整个团队的最终利益。

只有在管理中、工作中、合作中，都意识到细节的重要性，认真地处理好每一个细节，在细节上下足功夫，才能提高团队整体的战斗力，全面提高团队的执行力与竞争力，保证团队的长足发展与长远利益。

第五节 如何培养注重细节的习惯

“我抽着差不多的烟，又过了差不多的一天，时间差不多的闲，我花着差不多的钱，口味要差不多的咸，做人要差不多的贱，活在差不多的边缘，又是差不多的一年……”这是歌曲《差不多先生》的歌词，带有深刻的讽刺意味。

胡适先生还创作了一篇传记题材寓言——《差不多先生传》，讽刺了当时社会上那些敷衍了事、处事不认真的人。

作品里生动地描述了差不多先生的生活作风。他常说：“凡事只要差不多，就好了。何必太精明呢?”妈妈叫他去买红糖，他却买了白糖回来，妈妈骂他，他摇摇头说：“红糖白糖不是差不多吗?”有急事出门，没赶上火车，却只说：“今天走同明天走，也还差不多。可是火车公司未免太认真了。八点三十分开，同八点三十二分开，不是差不多吗?”他不明白为什么火车不肯等他两分钟。

就这样，差不多先生“差不多”了一辈子。直到他病重在床，家人请来了和医生差不多的牛医，用医牛的方法给差不多先生治病，差不多先生很快就一命呜呼了。在他差不多要死的时候，一口气断断续续地说道：

“活人同死人也差……差……差不多，凡事只要……差……差……不多……就……好了，何……何……必……太……太认真呢？”他说完了这句话才断气了。

这是一个故事，但是在调侃过之后，我们要认真思考一下，在我们的生活和工作中，我们是不是不知不觉地也做了“差不多先生”。

在我们的生活中，其实有很多“差不多先生”存在，他们对很多事情都不愿意认真对待，尤其是身边的小事，经常觉得“差不多就行了，何必那么认真呢”。但是，这种差不多思想，往往害人害己，给自己和他人带来很严重的影响。

所以，我们做人做事不能“差不多就行了”，必须要认真起来，要注重细节，不能因为细节上的差不多，而不去认真对待，这样迟早会酿成大祸。只有认真对待细节，认真走好每一步，才能抓住人生路上的每一次机遇，获得更多的人生财富。

将细节做到最细，在细节中把握机遇。愚者坐等机会，智者把握机会，成功者创造机会。机遇只留给做好准备的人，将细节做好做实，你才算真正做好了准备。

许多人成功与否的关键就在于有没有把握住关键细节，细节把握好了，有的时候或许就可以平步青云。成功总是眷顾有准备的人，认真做好每一个细节，你就等于做好了成功的准备。

父子两人在山上住，每天都需要赶着牛车下山去卖柴火，一般都是由老父亲在前面驾车。山路上弯道多，崎岖难走，儿子的眼神比较好，在该转弯的时候总要提醒说：“爹，拐弯了!”一次，父亲生病没能下山，儿子自己驾车下山卖柴，到了转弯处，牛却怎么都不肯拐，儿子用尽各种办法，又推又拉，对牛又打又骂，加上青草诱惑，都不起作用，牛就是一动不动。

儿子觉得奇怪，它怎么就是不肯转弯呢？他突然想到了一点，只有试试这个办法了，他看看左右没人，就贴近牛的耳朵说道：“爹，拐弯了!”果然，牛听到后就乖乖地转弯了。

这是牛长期以来形成的条件反射，跟人类长期以来形成的习惯是一个道理。好的习惯造就好的人生，坏的习惯就会造成糟糕的人生。培养好的习惯，代替坏的习惯，这点很重要。

那么，我们要怎样培养注重细节的好习惯呢？怎样才能认识到每一个细节，并做好细节呢？我们可以从以下这些方面去努力：

1. 从身边事做起，从小事做起

任何事情都存在细节，细节存在于我们身边的每一件小事上。所以，要培养细节意识，就要从身边的每一件小事做起。

比如，每天精心打扮自己，让自己看起来精神饱满，干净利索；上班不迟到、不早退、不懒散；工作中做到认真负责，养成良好的工作习惯；自己的办公环境要做到整洁有序，以免影响自己和他人的工作热情和效率；养成节约用水、随手关灯的习惯；对身边的任何事情都仔细考虑周全，尤其是工作上经手的事情，一定要处理好每一处细节，做到尽善尽美；对身边的朋友、同事甚至是陌生人，都要时常笑脸相迎，多一句问候，多一声寒暄……

只要是你能看到的、听到的、想到的，发生在你身边的、力所能及的事，都要努力去处理好每一处细节，这样从点滴小事中养成了注重细节的习惯，以后再处理任何事情都会不自觉地去关注细节了。

2. 多学习，多思考

平时多读书、多学习、多思考、多提问，加强自己的知识储备，增长见识，只有自己知道得多了，才能多注意到一些细节。在学习中思考，在思考中进步，养成独立思考的习惯，在不断成长中慢慢体会越来越多的细节。这样渐渐养成好的工作和生活习惯，摒弃一些不良的作风。

3. 每日三省吾身

经常思考自己做过的事，今天我们都见了谁，说了什么话，语气怎么样，有没有说错话，有没有做错事，这句话是不是可以更好地表达，这件事是不是可以处理得更好……这样每天反省自己，就可以得到很快的提升。

下班之后，不要只想着马上回家，坐下来想想自己一天的工作内容和所作所为，对今天的事情做个总结，对明天的事情提前准备一下。这样就可以更好地发现、弥补和处理很多细节性的东西。

4. 坚持不懈

做任何事情都贵在坚持，不能半途而废。细节习惯的培养，必须长期坚持。既然是习惯，就是长期形成的，习惯成自然，一旦这种行为意识形成一种习惯，那么往后再进行这种行为就相当于条件反射了，就会很自然地去做。

任何人都想自己能够做好每件事，有的人不是不努力，但是他们就是经常做不好，很多时候都是差了那么一点点，让人感觉不舒服、有点遗憾，有的时候还会造成比较严重的后果，原因就在于没有坚持不懈的精神。他们想要认真做好每件事，但是认真坚持一段时间之后，就又恢复了之前懒散的状态了。这样三天打鱼两天晒网，是不可能真正养成细节意识的。

好的品质与能力的练成，都不是一蹴而就的，都是无数个好的行为习惯长期积累的过程，前期的习惯培养肯定会很困难，我们要克服心理压力和矛盾，坚持不懈，等到一旦养成我们所需要的好习惯，那么之后再坚持这种习惯就不会再那么累，就会水到渠成了。

5. 锻炼自控能力

每个人都或多或少有一些与生俱来的坏毛病，比如急躁、冲动、懒散、小心眼等。我们常常会因为别人的一句话或一个行为而恼羞成怒，控制不了自己的脾气，不能正常思考问题；也会因为别人的一些话而久久不能释怀，也不能说服自己忘却；有时会因为犯懒而起不来床，从而上班迟到，改变自己的计划等。这些缺点和不足都是我们身上存在的坏习惯，我们要努力去克服，否则我们会因为这些不足而失去很多东西。

要克服身上的坏毛病，就要培养自己的自控能力，控制自己的脾气，控制自己的惰性，控制自己的内心，控制自己的行为……

我们要经常静下心来考虑自己的缺点和不足所带来的危害和后果，时时告诫自己，努力改正这些缺点，这样才能不断成长，不断提高自我。能控制好自己的人，才能真正做好每件事。

平时一定要严格要求自己，不能太放纵自己，要养成好习惯，每天做好工作计划和行程安排，计划好的事情一定要在当天完成。只有严格要求自己，培养好自控能力，才能改变一些坏习惯，养成认真仔细、注重细节的好习惯。

6. 培养时间观念，合理安排时间

时间观念也是一个很重要的细节。在这个与时间赛跑的社会，时间是非常重要的，我们一定要培养高度的时间观念，合理安排好自己的时间，在规定的时间内完成该完成的事情。与别人约好的时间一定不能迟到，不能失约。一个没有时间观念的人，是不可能将细节处理好的，更不可能养成注重细节的好习惯。

7. 改变自身的错误观念

就像“差不多先生”一样，自己不注重细节的人，对身边的人和事往往也不会正确理解，他们会认为：“差不多就行了，何必那么认真?”他们会认为是别人太过于较真，斤斤计较，会觉得都是别人的错，而对于他人的善意提醒也不会放在心上，对于关键性的问题也会经常抱着侥幸心理，觉得应该“差不多”，往往就造成了不可挽回的损失。

我们要培养自己对细节的重视，首先要转变自身的观念，在思想上要对细节足够重视，然后要认真对待身边的人和事，不能学“差不多先生”，要注重细节，向认真细致的人多学习。

有一位表演大师，在上场前，他的弟子告诉他鞋带松了，大师谢过之后蹲下来把鞋带系好。但是等到弟子转身之后，他又蹲下来把鞋带解得松松的。旁边有个人看到了，就疑惑地问：“大师，您为什么把鞋带系紧又解松呢?”大师说：“我今天要表演的是一位劳累的旅行者，长途跋涉之后，他的鞋带应该是松的，这个细节可以更加形象地表现他的劳累和憔悴。”“那您为什么不直接告诉您的弟子呢，还要这样来回系来系去的?”大师回答说：“他能这样细心地发现我的鞋带松了，并好心告诉我，我不能打击他这种细心的精神和好心的热情，要鼓励他，让他保持这种细心和热情。而鞋带的事，以后我还有很多机会来告诉他。”在一定时间内，一个人只能做一件事情，而大师选择了先保护徒弟的细心和热情，将来再解释别的事情。要抓住重点，注重细节，还要培养和鼓励别人注重细节的意识。

细节决定命运，细节决定成败。注重细节，可以体现一个人的涵养，提高个人的素质与能力，加强自身的竞争力和团队的战斗力。让我们从身边的小事做起，从点滴做起，培养自己的细节意识，处理好身边的每一个细节，在细节中走向成功吧！

第七章　兼容，合作的润滑剂

所贵乎君子者以能兼容并蓄，使才智者有以自见，而愚不肖者有以自全。

——方孝孺《复郑好义书》

思想自由，兼容并包。

——蔡元培

合作并非易事，两家不同的企业因为某些业务捆绑在一起，不免出现一些不适应的地方。

而兼容并包，便是合作双方的润滑剂，可以让双方放下企业过往的地位优势，重新进行定位，找到适合合作双方的合作模式。

合作的技巧有很多种，而企业能够保持一种开放兼容的心态，则可以让合作越来越顺，合作的时间越来越长，甚至可以进行下一步的合作考虑。

说到兼容并包，我们不得不提蔡元培，这位著名的北京大学校长。

在蔡元培没有担任北京大学校长之前，北京大学的风气十分不好，校长就好像当上了大官，在学生面前高高在上，而学生对于校长也怀着敌对情绪，整个校园被不平等笼罩着，老师和学生的身份很尴尬。

而蔡元培对这些事情进行了认真的考察和分析，找到事情的根源，他开了一个好头。他第一次进入校园，取下帽子，对每一个走过来的学生点头微笑，热情地打招呼。这样的态度让所有的学生吃惊，这在以前绝对是不可能出现的现象。

蔡元培第一次提出了“思想自由、兼容并包”的理论：“大学是研究高深学问的机关，必须实行‘思想自由、兼容并包’的方针，才能促进学术的繁荣和发展。对于学说，仿世界各大学通例，循思想自由原则，取兼容并包主义，无论为何种学派，苟其言之成理，持之有故，尚不达自然淘汰之运命者，虽彼此相反，而悉听其自由发展。”

而我们企业之间的合作，一样可以运用兼容并包的理论，让合作变得更顺畅，双方都得到互惠互利。

第一节 合作要有开放兼容的心态

无论是企业之间的合作，还是我们个人与个人之间的合作，开放兼容的良好心态是必需的。

只有我们放开思想，保持开放的姿态，资源、合作者、客户才会源源不断地向我们靠拢。我们才可以把更多的有利资源和平台聚集起来，把不同的创意收集起来，以宽容之心去对待合作，拥有“海纳百川，有容乃大”的气度。

那么，我们怎样才能达到开放兼容的境界呢？

1. 学会尊重，在沟通中体验开放兼容

我们的企业合作或者个人之间的合作经常会出现这样那样的问题。

那么，怎么做才能在合作中让我们修炼到开放兼容的境界呢？这就要求我们学会尊重。

(1) 首先要尊重自己。一些私营企业主为了得到一个大公司的合作订单，在谈判的时候总是喜欢点头哈腰、阿谀奉迎，为什么呢？他们生怕失去了合作机会，更怕到手的大订单会丢失。

很显然，这种合作方式是有问题的，长期如此，就算侥幸合作成功，以后在合作细节上也会吃大亏。

我们无论是在企业之间的合作中，还是个人与个人之间的合作中，一定要把握一个度：那就是尊重自己。

道理很简单，只有我们尊重了自己，把我们摆在一个很高的位置，合作方才能以高姿态认可我们，才会放心，因为没有一个合作方会喜欢把生意或订单交给一个只会拍马屁的合作者。

我们自己尊重自己，合作方才会对我们敬畏，才会认为我们是本专业的专家，合作过程才会更顺利。

在我们的职场经历之中，我们要把自己当成最优秀的，相信自己，对于自己的能力、技能、工作经验充满信心。只有这样，当我们与人合作的时候，对方才会对于我们的工作能力十分有信心，才会愿意把工作交到我们的手中。

在家庭之中，我们要维护一个良好的家庭氛围。如果连自己的家庭关系都处理不好，试问，这样的情况下，合作方敢继续合作下去吗？

除了尊重自己，我们对于自己的职业也要充满热爱。在工作之中，待人接物必须具备极大的热情和积极向上的态度，不能全凭自己的情绪化来处理工作。在合作之中，不管遇到怎样的工作难题，绝对不能以牺牲职业道德去完成工作。在处理合作关系的过程中，要时刻保持良好的人际交往能力，不管是什么类型的谈判工作，保持良好的形象、得体的谈吐都是很重要的。

在合作过程中，我们对待每一次工作都要具备超强的职业精神，把每一个难关都努力攻克。在合作过程之中，一定要突出自己的个人特长，为合作伙伴贡献更多。

如果我们在合作过程中，不努力去做每一件事，或者工作态度不好，工作积极性不高，是不可能有合作伙伴尊重我们的。

除了尊重工作，对于我们的公司更要有一种尊重的态度。从我们应聘时起，我们每一个人都会对公司进行考察，了解公司的各种情况，如规模、待遇、过往的成就。同时，公司对我们的情况更需要做一个全面的了解，我们所具备的职业技能是否与公司的岗位要求一致，从我们过往的工作经历看我们是否有能力胜任该公司的职位。同时，公司还有可能对于我们的形象、人品、谈吐、个性做一个全面的评估。也就是说，我们个人和公司都在进行着选择，因此，既然有机会进入该公司工作，我们就要对公司有最起码的尊重和热爱，做好自己分内的工作，做一个具备优秀职业操守的职员。这样我们才能赢得其他合作伙伴的尊重。

(2) 尊重每一个合作者也是十分重要的。一个合作的过程，要求我们自己具备良好的职业技能，同时，我们的合作伙伴在这个过程中也同样起到了很好的帮助作用。

每一个公司都是一个职场江湖，单打独斗绝对不可能成功，只有保持良好的合作态度才能把工作做好。

比如，美国的编剧工作受到了影视行业的其他岗位工作人员的极度尊重，为什么呢？因为在美国影视圈，一个优秀的剧本并不是一个人完成的，一个剧本的创作人员分为大纲组、创意组、台词组、结构组等，也就是说，每一个人负责一部分，有的人把故事的结构搭出来，有的人把台词补充好，有的人把故事补充完整。

美国电影和电视剧受到了全球观众和网友的热爱，他们的编剧行业的合作态度十分好，正是这种合作，才把兼容做到了最佳。这样的剧本可以聚集每一类人才的优势，所有人合作起来把一个剧本做好，等到它拍出来之后，才会获得不错的票房收入。

在合作的过程中，尊重自己是“内功”，而尊重其他合作者是“外功”，二者缺一不可。

尊重合作者主要有哪些方面呢？

第一，我们的顶头上司是我们尊重的第一位。虽然从表面上讲，顶头上司和我们是上下级关系，其实这也是最重要的合作模式，上司给我们布置任务，我们认真完成，如果中途遇到困难，我们会向上司申请帮助，上司会为我们提供帮助，这样任务才能完美地完成。

这样的合作模式几乎在任何公司都适合，当我们被公司认可的同时，我们需要对公司绝对忠诚。对公司上司的尊重，将直接体现了我们优秀的职业道德，上司安排的每一件事，我们都努力去做好。但是，在现实生活中，特别是职场中，很多白领阶层却不是这样做的，他们自认为自己才华横溢，甚至觉得上司的能力不如自己，所以在各种工作中总是选择刁难上司，上司布置的任务也不好好做，最后的结果是和上司的关系处理得十分糟糕，长此以往，这样的员工在公司是不可能长期待下去的。

第二，对于同事的尊重也很重要。我们在职场里，与同事的合作可能是最多的。当我们进入一家公司，公司会安排很多工作，而每一项工作都会细化，每个人都各司其职，做好自己的本职工作。但是大多数的工作，一个人不可能完成，因此团队合作的模式将是主流，我们在公司里，拥有最强的团队合作精神是最重要的，这将决定我们是否可以取得良好的工作业绩。很多新入职的员工的团队合作精神很欠缺，总想在老同事面前表现自己的个人能力，所以在合作中可能会不太合群，这样的结果将直接导致工作无法完成，或者打折扣。因此，每个同事相互合作、各司其职、各展所长，才能将工作完成得最好。

第三，对我们的下属的尊重将让我们的工作变得更简单。当我们在一家公司做得很优秀之后，升职是顺理成章的事情。而升职之后，和下属的关系也变得十分重要了，只有尊重下属的领导才能在工作中顺风顺水。一个愿意尊重下属的领导绝对属于胸怀宽广的人，因为当我们尊重下属的每一个创意、每一次错误，当下属有想法的时候，我们可以听取，当下属有错误的时候，我们作为领导愿意去指导他，只有这样，在下属的心中，我们的领导才是一种气度非凡、宽容大方的类型，在下属工作的时候，他们才会尽自己最大的努力，做到最好。当我们以真诚的态度尊重下属，他们虽然表现上不会说什么，但在工作中，他们会把自己最优秀的地方展现出来，让公司的利益达到最大化。尊重下属，将是合作关系中重要的一个环节，领导布置任务，下属才会配合好，做到最好的业绩，这样长久下去，领导和下属的人际关系将达到最和谐的阶段。

第四，对于合作的客户也要表现出尊重。尊重每一位合作的客户，将是我们职场人士的基本素养。在与客户合作的过程中，我们要有良好的妆容、整洁的服饰、落落大方的谈吐，这样才能在合作过程中，取得客户的认可。当客户有任何不清楚、不满意的地方，我们必须认真聆听，对不清楚的地方进行认真的解答，对于客户不满意的地方应该尽最大的努力去改正，直到客户满意为止。在合作的过程中，我们应该尊重客户的每一个意见和建议，探知他们的每一个期望，一切工作以客户的利益为重，为客户赢取最大的利润，得到客户的称赞和认可是最终的目的。

如果我们在职场中，总是把客户的问题当成耳边风，下一次合作，客户将会选择其他的合作伙伴，这样对于我们的公司将是巨大的损失，当我们没有解决好客户的疑问，将会对自己公司造成名誉的损失。

要想尊重合作者，我们首先就要将合作者的情感放在第一位。

除了尊重合作者的情感，合作者的尊严也需要得到尊重。

除了尊重合作者的情感和尊严，对于合作者的任何选择和决定，我们也应给予充分的尊重。

我们在合作的过程中，每一个合作者的个性、理念、想法和信奉的东西都是不一样的，只有我们充分尊重合作者的每一个决定，才可以让他们认可我们，下一次合作之时，他们有可能主动联系我们。

2. 善于沟通才能达到开放兼容

合作的方式多种多样，而我们想要得到最好的合作模式，用好沟通这把利剑是必备的职场常识。

那么，在职场之中，我们合作的时候，如何才能做到最好的沟通呢？主要有三大法宝：与合作者换一个位置、在合作者提出问题之前先沟通、先引出合作者的想法再去修正。

与合作者换一个位置思考很重要吗？

当然，当我们做任何工作的时候，总是有可能出现这样的一种想法：为什么合作者会提出这样的难题呢？为什么合作者这么奇怪和不近人情呢？这是我们每一个职场人士经常会出现的问题。

那么，要想取得成功的沟通方式，换一种位置会让我们冷静下来。比如，我们自己问自己一句："如果我是合作者，我会怎么做呢？"这种换位思考的思路可以帮助我们解开心结。

当我们站在合作者的角度考虑问题的时候，之前的所有困惑可能就马上消失了。当我们把思路理清，充分考虑合作者的利益，好好地沟通一遍，可以很快提高工作的效率。

在合作者提出问题之前沟通很重要吗？

当然。在我们很多职场人士的习惯是：合作方提出什么问题，我们就去做什么工作，永远处于被动的状态，直到我们工作出现了差错，合作方有可能大发雷霆，严重的时候有可能失去了合作的机会。这样的话，我们不仅损失了一个合作方，更重要的是我们让公司出现了巨大的经济损失。那么，我们就应该在合作者提出问题之前先去沟通。

比如，合作方说了一件事，让我们召开一次见面会。我们就应该在此之前，把所有见面会的形式定位，把所有的细节全部考虑到，这样的话，合作者会对我们另眼相看。我们把所有的问题都提前考虑到，提前主动地向合作者沟通，不仅可以提高工作效率，更重要的是我们可以让合作者信任我们的工作能力。

先引出合作者的想法再去修正在合作中有什么作用呢？

在我们合作的过程中，怎么沟通才能达到最好的效果呢？答案是"先引后导”。比如说，当客户提出了某个建议，有可能这个建议是有问题的，会对合作的工作产生巨大的错误影响，有可能造成利润损失，但是我们不能主动反对客户的建议。这个时候，我们就应先听完合作客户的真正意思，将他的建议的真正目的弄清楚，可以先呼应。等到了解了真实意图之后，我们就应该开始引导他的思路，将正确的思路有条理地灌输给他，这样的话，既把问题解决了，也把合作客户的心结给解开了，同时也不会伤了合作客户的面子，还可以得到合作客户的认可。站在合作客户的位置上进行引导，这样的方式可以很快解决问题。

第二节 在合作中如何做到开放兼容

我们在各种合作关系之中，常常会看到以下几种情况：第一种情况，有的合作伙伴总把自己当成天才，自视甚高，认为“我的才华天下第一”，“我才是合作过程的核心创意力量”，“没有我，这个合作不可能成功”。在这种人看来，合作只是一个人的舞台，一个人的才艺展示，可是这样的合作到最后往往会失败。在这种人眼里，他人都是不重要的，他也从来不为合作伙伴考虑，总想着一个人把所有事情都做完，往往这样做的结果会不尽如人意。

第二种情况，在一个团队里面，总有那么一些自认为自己才能高于同事的，可是大多数工作偏偏是一个人做不了的。比如拍一部电影，制片人负责找资金，对接投资人，导演负责指导拍摄电影，编剧负责写剧本，摄影师负责拍摄，录音师负责录音，每一个岗位单看是独立的，可是真正到拍摄的时候，每个岗位都必须精诚合作，这样才能拍好一部电影。因此，在合作之中，一定不能把自己的观点当成“天下无敌的名言”，应该多听听合作伙伴的意见，一起来解决每一个问题，这样做才能达成一个很好的共识，营造一个良好的公司文化氛围。

第三种情况，在一些合作的过程中，有的员工总是担心其他同事抢了自己的风头，总是埋着头做自己的事情，不信任其他合作伙伴，工作的进度也不与别的合作伙伴进行沟通，导致合作的效率十分低下。

要想在合作过程中取得很好的成效，兼容开放一定要做到两点，第一是任何时候合作都要记得求同存异，第二是必须拥有超强的团队配合的能力。

1. 合作伙伴处于同一立场

大多数合作不成功、工作效率低下都是因为合作者被立场二字给打败了，有的合作者认为自己的方法对，其他合作者却不认同，也要按自己的方法来，结果是两败俱伤，影响了工作效率，也让合作过程充满矛盾。很多时候，很多合作伙伴缺少沟通，工作一分配下去之后，就各干各的，到了最后进行效果评估的时候才发现，事前没沟通，方向全错了。由此可见，沟通是关键，每一个合作者都处于一个大的团体中，只有都处于同一立场，把问题摊在桌上，大家一起讨论，找到最好的方式，在所有的观念上处于共识状态下，合作才能进行得更好。

在合作之中，我们要充分发扬兼容开放的精神，采用合作者的有效的建议，让合作伙伴与我们处于同一立场，这样可以让合作过程中的冲突和争吵减小到零。

2. 合作中要坚持求同存异

在合作过程中怎么可以做到求同存异呢？

每一次合作都是一次头脑风暴，是一次各种观念的碰撞，我们应寻求各自认可的相同部分，对于各自不同的意见应予以保留。当合作中出现了大的分歧，应该以求同存异的方式来处理。在合作中多沟通，了解合作团队每一个人的特点和个性，只有将各种优势巧妙利用到极致，将共同的力量发挥到最大，合作才能更顺利。

当我们了解了团队中每一个人的不同点的时候，在合作过程中就可以利用每个人的优势，扬长避短发挥出他们最大的力量。

做到有容乃大，千万不能放大合作者的缺点，而埋没了他们的优点。只有了解了每个人的工作习惯和特殊技能，才能求同存异进行沟通和合作，长此以往，合作团队的每一个成员都可以得到益处。

3. 保持个人和公司利益的一致性

只有公司强大了，我们个人才能得到更多的利益。

进入任何一家公司，企业文化都会告诉我们，不管担任哪个岗位，公司的利益必定是至高无上的，怎么可以做到尊重公司利益呢？这就要求我们所有的员工保持高度的团队合作精神。

在这里，我们首先要对团队这个名词做一个深入的了解。个人的力量必然是微弱的，只有我们集聚了多人的力量才称之为团队，有了团队，每个人才可以拥有一样的合作目标，组成一个强大的集体，这样工作效率将会大大提高。

团队的领头者为了完成合作客户的工作任务，组建了“特种部队”，制定工作制度，通过每个合作成员的努力最终完成艰巨的任务。

在合作的过程之中，我们每一个成员都按照领导安排和制订的工作计划去执行，并且通力合作，用团队合作的力量去做好每一件工作，很快就可以让公司的绩效迅速提高。

在职场之中，我们要保证个人的价值观和企业的价值观高度一致，只有这样才能和合作伙伴做好工作，提高工作效率。

第三节　企业合作怎么做到开放兼容

本节以两个事例来说明企业合作是怎么做到开放兼容的。

1. 腾讯公司以开放合作赢得成功

腾讯公司是中国知名的互联网公司，陪伴了十几亿网民，让广大网民可以不限时间不限地点地进行沟通。

腾讯公司是怎么合作的呢?

腾讯公司为了给互联网注入更多新力量，将打造开放合作共赢产业生态作为践行企业社会责任的重大举措之一，这样的开放战略让更多的平台有了合作的机会。

不到一年的时间，腾讯开放平台聚合注册开发者超过30万，开发者的创造力也得到相应的回报，多家开发商月收入分成超过1000万元。腾讯系列的开放政策极大地激发出开发者的创业热情。

腾讯公司的发展历程充满着无数艰辛和坷坎，打造这样的开放合作平台正是帮助无数新公司的机会。

腾讯公司也有一个基本的条件，开放平台作为刚刚实践的新领域，创业团队规模基本上均为少于 10 人的“微型创新企业”，他们有着共同的特征：年轻，富有激情，有创意，代表着新一代的中国互联网创业者。为了让开发者能通过稳定的商业收入支持其创新性投入与研发，腾讯特别为开发者们制定了非常完备的商业分账模式，让开发者从与腾讯的合作中获利。

为鼓励平台合作伙伴的发展，腾讯开放平台宣布：“大幅提高分成比例，开发者收益大幅提升，月收入 10 万以下开发者可获得 100% 收入(即腾讯不从合作中获得任何收入)。对于中等规模的创业团队（月收入 10 万—100 万之间）的，腾讯与开发者按照 3∶7 的比例进行分成，即收入的绝大部分依旧归开发团队所有。对较为大型的创业公司（月收入 100 万—1000 万之间）的，腾讯和开发者各拿 50%。”通过这样的鼓励措施，腾讯开放平台为中国互联网行业扶持壮大了一大批创业型的互联网企业，也为中国互联网用户贡献了超过 1000 款精品产品。此外，为了鼓励创业团队多出更有创新精神的精品，确保所有的合作开发者得到公平对待，腾讯也发布了特别扶持政策。

开放兼容很快让腾讯“飞起来”了。

网媒报道：“2012 年 3 月 16 日，腾讯开放平台 2012 新春年会在北京举行。600 多名业界合作伙伴现场参与，腾讯开放平台从不同的角度讲述了开放平台的过去、现在和未来。腾讯社交网络事业群总裁、集团高级执行副总裁汤道生从宏观角度向开发者总结开放平台过去的成绩以及腾讯开放战略，并且表示腾讯开放战略会坚定不移地走下去。该大会由 QQ 空间、朋友网、Q+、微博、游戏、无线等联合举办，是继腾讯宣布开放之后又一次重要行业事件。腾讯开放大会的举行，也是腾讯企业社会责任领域的又一次大胆实践。通过鼓励更多的创业者加入互联网行业，与腾讯一道为用户提供更为丰富的在线服务，满足用户不断提升的服务需求。”

腾讯公司为了使合作团队可以更有动力，特颁布了“腾飞奖”，分别为“开放平台十强应用、优秀应用、优秀合作伙伴”发放奖励。腾讯为各种合作者提供开放平台，合作双方都得到了利益的共享，双方共赢。

2. 京东商城成功打造开放电商平台

2013 年，某网站发布了一条新闻，题为“做整体解决方案提供商，京东开放平台与卖家共拓‘新大陆’”。

京东商城是一家大型的网络零售公司，物流快捷、家电实惠、送货人员服务很好等口碑一直在各大网友口中相传。

各大供应商和京东商城慢慢形成了强大的开放兼容合作平台，当然，这样做最大的受益者是广大的网民们。网民可以买到更便宜、质量更好的商品，可以让我们花更少的钱，买到更好的物品。

据某网站介绍，“截至 2013 年 6 月，京东已拥有约 1 亿优质用户，经营 13 大类数万个品牌数千万种优质商品，日均访问量约 2 亿，京东的自建物流体系由 6 大物流中心、27 个城市仓储中心、近 1000 个配送站、300 个自提点组成，覆盖全国 1188 个行政区县”。

京东首届开放平台合作伙伴大会以“聚合力赢未来”为主题，在北京举行，合作范围十分广泛：“超过 500 名服装、鞋包、个护化妆、食品、家居等品牌企业的负责人参加，京东宣布其开放平台致力于成为‘卖家整体解决方案提供商’，并推出技术、物流、服务、财务等四大具体支持计划，通过共同开拓‘电商发展新大陆’，建立京东以及中国电商行业的未来新格局。”

为了给各大合作伙伴创造更多的价值，京东公司将京东商城、快捷的物流、客户信息分析、网络付费等几大优势重新构建了一个大型的合作平台。

开放平台让合作伙伴和网友更亲近，也让京东公司和合作伙伴的业务更快捷了。

公司负责人也对未来进行了展望：“作为未来发展的基石，开放平台业务将与自营业务一起，成为京东可持续发展的重要引擎。开放平台能够提升公司的整体规模，进一步优化用户结构、提高消费黏性，并快速丰富商品品类，大力发展第三方卖家平台业务吻合京东一直以来致力于为广大消费者提供一站式综合网购体验的宗旨。”

公司负责人也展望了京东开放平台的发展目标，“预计到 2016 年，第三方卖家开放平台业务将占到整个京东电子商务业务的半壁江山。合作伙伴可以根据自身的需求灵活选择自营、开放平台两种合作模式，实现多元化发展。在这块‘新大陆’上，京东将携手合作伙伴共同成长、创造共赢”。

公司负责人表示：“京东具有十年以来积累的优质用户、正品行货的产品特色、全价值链服务体系等独特优势，作为卖家整体解决方案提供商，京东开放平台将致力于为商家提供贯穿整个运营流程的全方位服务，包括高质量的用户群体、优质便捷的仓储配送服务、以大数据为驱动的电商服务体系、潜力巨大的移动端入口、快捷多样的支付及结算方式和更加公平、透明、完善的平台规则等，这些都将助力京东开放平台卖家走向成功。在广泛征求了众多卖家的意见之后，京东也将在今年第三季度正式揭晓开放平台规则。随着这些针对卖家需求出发的支持计划正式启动并逐步完善到位，京东开放平台将为第三方卖家创造不断提升的发展环境，助力他们获得更大的成功。”

为了表彰各大合作伙伴的成绩，在大会上，京东向25家优秀卖家颁发了“珠峰奖”、“同舟奖”、“黑马奖”、“风采奖”和“金牛奖”奖项。

京东的成功就在于开放兼容，在于合作，正是这种合作造就了京东的成功。